ID: 9084, ISBN-10: 3-8324-9084-1, ISBN-13: 978-3-8324-9084-3
Lindner, Stefan: Projektentwicklung von Seniorenimmobilien für mittlere Einkommensgruppen in Essen
Druck Diplomica GmbH, Hamburg, 2006
Zugl.: Fachhochschule Kaiserslautern, Diplomarbeit, 2005

Diplomica GmbH
http://www.diplom.de, Hamburg 2006
Printed in Germany

INHALTSVERZEICHNIS

ABBILDUNGSVERZEICHNIS

Tabellenverzeichnis

Abkürzungsverzeichnis

AWO	Arbeiterwohlfahrt
BGB	Bürgerliches Gesetzbuch
BGF	Bruttogeschossfläche
BWS	Bruttowertschöpfung
bzw.	beziehungsweise
DCF	Discounted Cash Flow
DIN	Deutsche Industrie Norm
e.V.	eingetragener Verein
etc.	et cetera
GFZ	Geschossflächenzahl
ggf.	gegebenenfalls
GrESt	Grunderwerbssteuer
GRZ	Grundflächenzahl
GSBE	Gesellschaft für Senioren- und Behindertenbetreuung KG in Essen
GSE	Gesellschaft für soziale Dienstleistungen Essen mbH
i.d.F.v.	in der Fassung von
IHK	Industrie und Handelskammer
IRR	Internal Rate of Return
KDA	Kuratorium Deutscher Altershilfe
MGSFF	Ministerium für Gesundheit, Soziales, Frauen und Familie
NGF	Nettogrundfläche
NKM	Nettokaltmiete
NPV	Net Present Value
NRW	Nordrhein-Westfalen
o.ä.	oder ähnliches
o.J.	ohne Jahr
o.V.	ohne Verlag
OVG	Oberverwaltungsgericht
SGB	Sozialgesetzbuch
u.a.	unter anderem
z.B.	zum Beispiel
z.T.	zum Teil

1 Einleitung

Die verschiedensten Prognosen über die demographische Entwicklung lassen häufig den Schluss zu, dass der Anteil der älteren Bevölkerung wachsen wird. Die Gruppe der über 60-jährigen wird nicht nur im Verhältnis zu den jüngeren Bevölkerungsteilen zunehmen, sondern auch absolut. Die meist genannten Gründe für diese Entwicklung sind die steigende Lebensdauer jedes Menschen, die zunehmende Kinderlosigkeit von Ehepaaren und die Suche nach Individualisierung. Die Mehrgenerationenhaushalte, in denen mehr als zwei Generationen wohnen, verschwinden allmählich.

Diese Entwicklung hat Konsequenzen auf viele Lebensbereiche der Gesellschaft unter anderem auch auf die Wohnkultur. Insbesondere im höheren Alter nimmt das Leben in der eigenen Wohnung einen großen Stellenwert ein, weil mit steigendem Alter die in der Wohnung verbrachte Zeit stetig zunimmt. Daneben steigt mit dem Alter auch das Risiko pflegebedürftig zu werden bzw. die Intensität der Pflege nimmt zu. Diese Phase des dritten Lebensabschnittes im Rentenalter wird aufgrund der steigenden Lebenserwartung jedes Menschen in der Zukunft weiter ausgedehnt. In Verbindung mit dem Aspekt der Vereinsamung im Alter betrifft die Problematik eine immer größer werdende Gruppe von Menschen. Es sind die älteren Alleinlebenden, die Unterstützung im Alltag benötigen oder gepflegt werden müssen. Fehlt Unterstützung aus dem familiären Umfeld, dann ist der Alleinlebende auf externe Hilfe eines professionellen Dienstleistungsunternehmen angewiesen.

Das wirft die Frage nach geeigneten Wohn- und Pflegekonzepten auf. In der Vergangenheit sind deshalb neben dem bekannten Altenwohn- und Altenpflegeheim weitere Konzepte wie z.B. altengerechte Umgestaltung der Wohnung, Betreutes Wohnen, Wohnen mit Service, Seniorenresidenzen etc. entstanden. Die fehlenden gesetzlichen Normen für Wohnen mit Betreuung führen zu einer großen Vielfalt von Konzepten.

Die Konzeptgestaltung ist auch von den Finanzierungsmöglichkeiten des Investors und nicht zuletzt von der Refinanzierung durch die „Kunden“ abhängig. Altenwohn- und pflegeheime sind Einrichtungen, die in der Vergangenheit fast ausschließlich durch gemeinnützige, karitative oder kirchliche Organisationen mit öffentlichen Fördergeldern betrieben wurden. Doch im vergangenen Jahrzehnt

traten auch private Investoren und Betreiber auf dem Seniorenimmobilien- und Pflegemarkt auf. Dieses Marktsegment eröffnete der Immobilienbranche neue Chancen auf höhere Renditen. Pflegeheime sind Spezialimmobilien und im Grunde wie Hotels zu betrachten. Die Rendite wird durch einen effizienten Betreiber erwirtschaftet. Doch die Insolvenzen von bekannten Betreibern wie der Refugium AG oder Rentaco AG zeigen, dass auch dieses Marktsegment mit Risiko behaftet ist.

Die Stadt Essen ist überdurchschnittlich überaltert und die Prognosen versprechen auch keine positive Trendwende. Das bedeutet für die Stadt im Ruhrgebiet, dass das Altenwohnen einen zunehmend größeren Markanteil einnimmt und möglicherweise weiterhin Potenzial für Seniorenimmobilienentwicklung besteht. Das soll anhand dieser Diplomarbeit mittels einer Projektentwicklung an einem ausgesuchten Standort in Essen erörtert werden. Das besondere bei dieser Projektentwicklung ist, dass die „mittleren Einkommensgruppen" als Kundenpotenzial im Fokus stehen. Die mittleren Einkommensgruppen sind diejenigen, die weder in den Genuss der öffentlichen Förderung gelangen noch hochpreisige Seniorenresidenzen finanzieren können. Nach Abschluss der Marktanalyse werden drei Konzepte aus Sicht einer Projektentwicklung entworfen und kalkuliert. Das Ergebnis stellt klar, welches Konzept von der mittleren Einkommensgruppe finanzierbar sein könnte und welche Rendite für Betreiber oder Investor zu erwarten sind. Der Standort ist ein nicht bebauter Grundstücksteil im Stadtteil Rüttenscheid. Er wurde nach relevanten Standortfaktoren für Seniorenimmobilien ausgewählt.

2 Aktuelle Marktsituation für Seniorenimmobilien in Essen

2.1 Nachfragestruktur

Um eine aussagekräftige Analyse für Seniorenimmobilien zu erhalten, werden folgende Aspekte untersucht:

- Soziodemografische Situation
- Einkommen und Vermögen der älteren Bevölkerung
- Werte, Präferenzen und Umzugsgründe der älteren Bevölkerung
- Dienstleistungsbedarf
- Pflegestruktur

2.1.1 Soziodemografische Entwicklung

Im folgenden wird ein Überblick über die soziodemografische Situation in Deutschland, Nordrhein-Westfalen und Essen gegeben.

Bevölkerung in der Bundesrepublik Deutschland in Mio. (Prozentualer Anteil an der Gesamtbevölkerung)				
Stichtag	1900	1950	31.12.1998	2050
Alter				
< 20 Jahre	24,9 (44 %)	21,0 (30 %)	17,6 (21 %)	11,2 (16 %)
20 – 60	27,0 (48 %)	38,1 (55 %)	46,1 (56 %)	32,9 (47 %)
>60	4,4 (8 %)	10,1 (15 %)	18,4 (22 %)	25,9 (37 %)
Gesamt	**56,3**	**69,2**	**82,1**	**70,0**

Tabelle 1: Bevölkerungsentwicklung und -prognose der Bundesrepublik Deutschland[1]
Quelle: vgl. 3. Altenbericht, eigene Darstellung

In Tabelle 1 wird die Veralterung der Bevölkerung in der Bundesrepublik Deutschland dargestellt. Bezeichnend ist, das die junge Bevölkerung unter 20 Jahren seit 1900 kontinuierlich im absoluten und prozentualen Anteil abgenommen hat. In der Prognose für das Jahr 2050 liegt der Anteil bei nur

[1] vgl. 3. Altenbericht, Seite 14 – eigene Darstellung. Die Prognose beruht auf der Annahme, dass Deutschland jährlich 100.000 bis 200.000 Zuwanderer zu verzeichnen hat

noch 16 %. Den gegenläufigen Trend kennzeichnen die über 60-Jährigen. Sie hätten beim Zutreffen der Prognose mit 25,9 Mio. ihre Anzahl seit 1900 mehr als verfünffacht und würden über ein Drittel der Bevölkerung sein.

Für das Land Nordrhein-Westfalen wird die Bevölkerungsentwicklung ebenso vorausgesagt wie für die gesamte Bundesrepublik. Im Jahresbericht des Landesamtes für Datenerhebung und Statistik (LDS) sagen Prognoseberechnungen eine schrumpfende Bevölkerung mit einem größer werdenden Anteil der Gruppe der über 60-jährigen voraus (Tabelle 2).

Zeitraum von ... bis ...	Komponenten der Bevölkerungsentwicklung 2002 bis 2040 in NRW			
	Bevölkerung am Beginn des Berichtszeitraums	Veränderung		
		Überschuss der Geborenen (+) bzw. Gestorbenen (-)	Überschuss der Zu- (+) bzw. Fortgezogenen (-)	insgesamt
	Anzahl			
2002 - 2004	18 052 092	-85 100	+111 000	+25 900
2005 - 2009	18 078 000	-189 500	+185 000	-4 500
2010 - 2014	18 073 500	-212 500	+185 000	-27 500
2015 - 2019	18 046 000	-280 700	+185 000	-95 700
2020 - 2029	17 950 300	-788 900	+370 000	-418 900
2030 - 2039	17 531 400	-1 043 900	+370 000	-673 900
2040	16 857 500			

Tabelle 2: Bevölkerungsentwicklung von 2002 bis 2040 in NRW[2]

Quelle: LDS NRW, 2003

Die Bevölkerungspyramide des LDS NRW in prognostiziert eine Verschiebung der Altersstruktur von 1998 bis 2015 (Abbildung 1). Markant wird der Rückgang des Anteils der 30- bis 40-jährigen Männer und Frauen eingeschätzt. Während sie 1998 die bevölkerungsreichste Gruppe war, soll sie im Jahr 2015 hinter die Gruppe der 50- bis 60-jährigen zurückfallen. An dieser Verschiebung wird die Folge einer sinkenden Geburtenrate und die Überalterung der Gesellschaft deutlich.

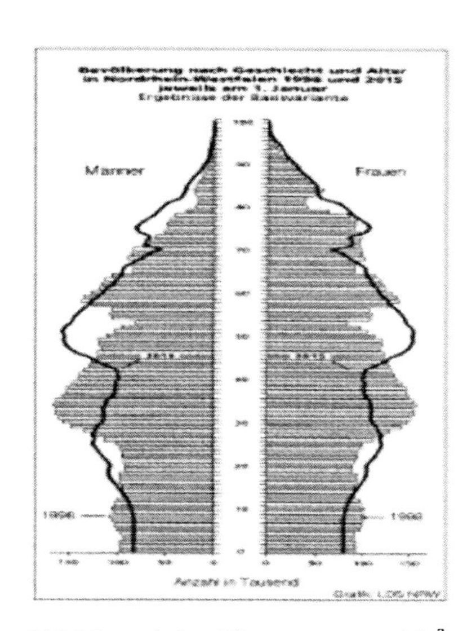

Abbildung 1: Bevölkerungspyramide[3]

Quelle: LDS NRW, 2003

---

[2] vgl. LDS NRW, Jahresbericht 2003

[3] wie vor

Das LDS hat in seinem Bericht[4] das Bundesland NRW noch eingehender betrachtet (Abbildung 2). Die Bevölkerungsentwicklung wurde nach Geburtenrate und Zugezogenen untersucht. Alle untersuchten Kreise und Städte haben durchweg mit einem Überschuss an Fortgezogenen im Vergleich zu Zugezogenen zu rechnen. Bei dem Verhältnis Geborenen zu Verstorbenen zeigt sich jedoch ein anderes Bild. Die kreisfreien Städte wie Essen liegen auch hierbei im Schrumpfungstrend während für die Landkreise ein Überschuss an Geborenen prognostiziert wird.

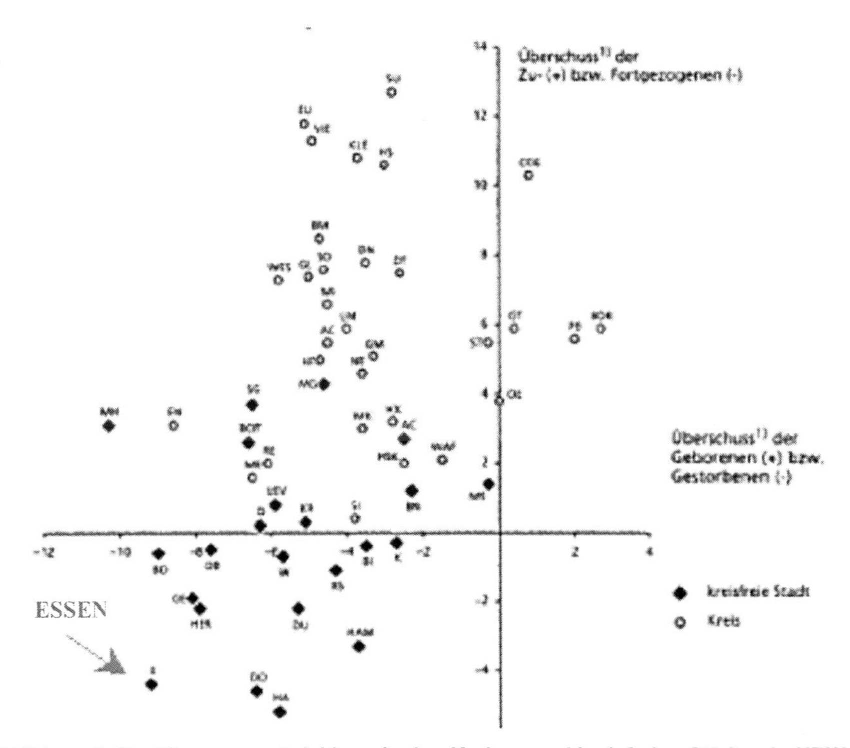

Abbildung 2: Bevölkerungsentwicklung in den Kreisen und kreisfreien Städten in NRW 1998 bis 2015

Quelle: LDS NRW, 2003

Die Stadt Essen nimmt im Bundesland NRW und im Ruhrgebiet im Bereich der Bevölkerungsschrumpfung eine Spitzenposition ein. Wie in Abbildung 2 zu erkennen ist (roter Pfeil), wird Essen mit annähernd -4 % fast das größte negative Wachstum durch den Fortzug von Menschen und mit nahezu –10 % ein Schwund der Bevölkerung durch einen Überschuss der Gestorbenen prognostiziert. Die derzeitige Einwohnerzahl von ca. 586.000 würde nach der obigen Prognose im Jahr 2015 nur noch ca. 520.000 betragen.

---

[4] vgl. LDS NRW, Jahresbericht 2003

In Abbildung 3 ist die derzeitige Struktur der Essener Bevölkerung und Haushalte nach Altersgruppen sortiert aufgeführt. Der Anteil der über 60-jährigen hat einen Anteil von 27 % der Essener Bevölkerung und liegt damit über der Prognose für Deutschland[5].

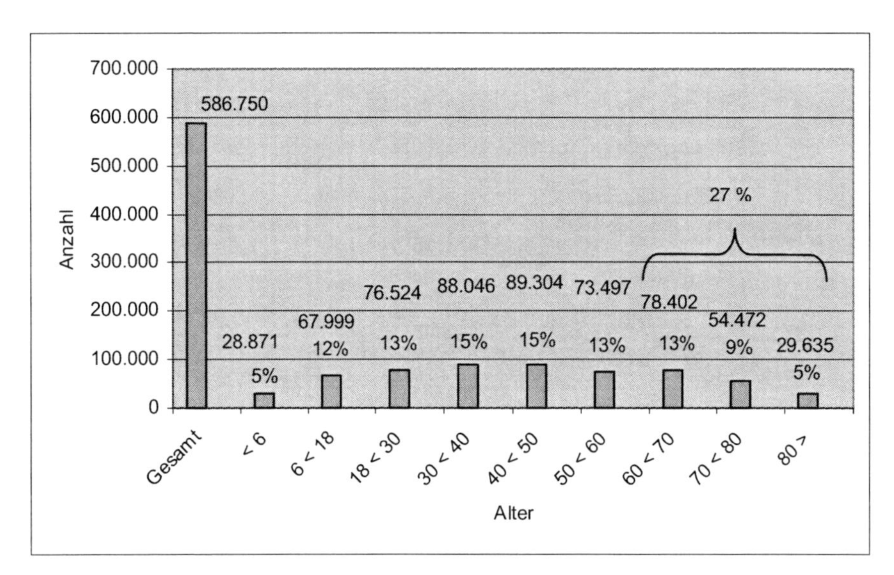

Abbildung 3: Bevölkerungsstruktur in Essen, Dezember 2004

Quelle: LDS NRW, 2004, eigene Darstellung

Ein weiterer Trend der Bevölkerungsentwicklung ist die zunehmende Verkleinerung der Haushalte. Erhöhte Scheidungsraten, Einelternerziehung oder die bewusste Suche nach Individualität lässt die Bildung von Haushalten in denen mehr als zwei Generationen leben nur noch schwer zu. Die Singularisierung des Wohnens wird deshalb eher noch zunehmen.[6]

In Abbildung 4 wird dieser Prozess anhand der Darstellung der Haushalte nach Größe und Alter für Essen gezeigt. Das Verhältnis der Haushalte ändert sich in den dargestellten Altersgruppen ab 60 Jahre. Die Einfamilienhaushalte nehmen mit dem Alter stark zu und bilden schließlich bei der Gruppe der über 80-jährigen die weitaus stärkste Gruppe.

In Essen ist die bundesweite Entwicklung der steigenden Lebenserwartung bzw. der Ausdehnung der Altersphase der Menschen ebenfalls wiederfinden. Ein um das Jahr 1900 geborenes Mädchen hatte seinerzeit eine durchschnittliche

---

[5] nach Tabelle 1 linear berechnet: 1998=22 %; 2050=37%; das bedeutet für 2005=24 % (22% + 7Jahre*[(37%-22%)/52 Jahre]

[6] vgl. Cirkel, Hilbert, Schalk, S. 8

Lebenserwartung von rd. 48 Jahren (Junge: 45 Jahre). Ein 1998 geborenes Kind kann mit einer rd. 30 Jahre höheren Lebenserwartung rechnen (früheres Bundesgebiet weiblich: 80,5 bzw. männlich: 74,4 Jahre). Diese Entwicklung wird sich aller Voraussicht nach fortsetzen, weil insbesondere die Anzahl der Hochbetagten (über 80 Jahre alt) in Zukunft weiter anwächst. Der Anteil der Menschen über 80 Jahren, der gegenwärtig in Essen bei über 5 %[7] liegt (bundesweit 4 %), dürfte gespiegelt an der bundesweiten Prognose für Essen bis 2050 auf ca. 12 % weiter steigen.

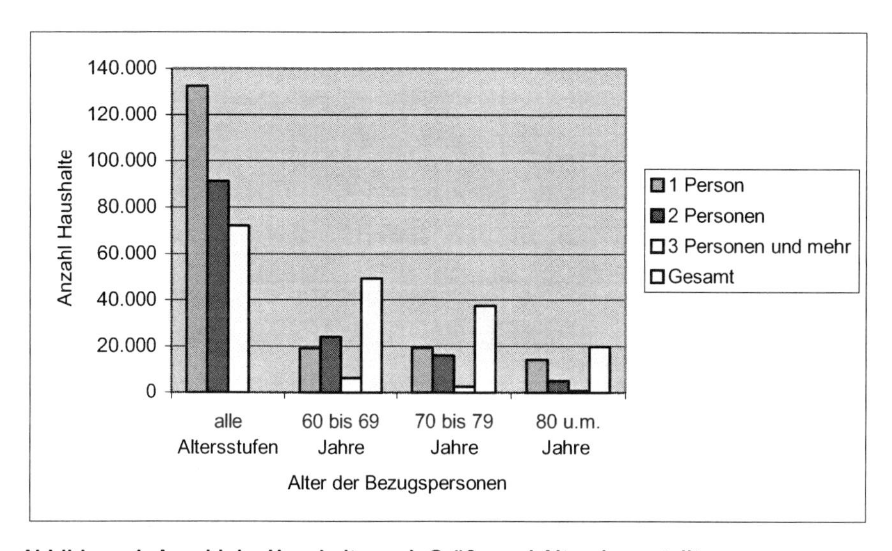

Abbildung 4: Anzahl der Haushalte nach Größe und Alter dargestellt.
Quelle: LDS NRW, Essen 2004 - eigene Darstellung

Die Struktur und Prognose der Bevölkerung zeigt Essen als eine Stadt, die stärker als der bundesweite Durchschnitt überaltert ist. Ferner kündigen Prognosen einen erheblichen Einwohnerrückgang in Zukunft an. Neben der absoluten Zahl wird auch der prozentuale Anteil der älteren Bevölkerung ansteigen. Durch die Ausdehnung der höheren Altersphasen gewinnt diese Gruppe noch mehr an Gewicht. In der Zukunft wird das Stadtbild noch mehr von der Gruppe der über 60-jährigen geprägt. Das Ziel der Stadt Essen muss es sein, diese Gruppe an Essen zu binden, um nicht zuletzt auch die Kaufkraft in der Stadt zu behalten.

Ein wesentlicher Inhalt des Lebens dieser Bevölkerungsschicht ist das Wohnen und die Pflege. Die Verwirklichung von erfolgreichen Seniorenimmobilien, die bedarfs- und altersgerecht sind, stellen nicht nur für den Träger, sondern auch für die Stadt und die angesprochene Altersgruppe einen Gewinn dar.

---

[7] vgl. LDS NRW, Essen 2004; 29.635 von 586.750 = 5,05 %.

2.1.2 Einkommen und Vermögen

In diesem Kapitel wird die Einkommensstärke der älteren Bevölkerung abgeschätzt. Da von der Stadt Essen keinerlei Datenmaterial zur Verfügung gestellt werden konnte, bzw. nicht vorhanden war, werden landes- und bundesweite Untersuchungen herangezogen.

In Tabelle 3 wird der Ausschnitt einer bundesweiten Untersuchung dargestellt. Dabei wurden durchschnittlich verfügbare Einkommen ermittelt und nach Alter, Haushaltsgröße und Geschlecht kategorisiert. Bezeichnend ist, dass die über 65-jährigen Zweipersonenhaushalte (alte Bundesländer) ca. 400 € mehr Einkommen im Monat vorweisen können als Einzelhaushalte. Allein lebende Frauen (alte Bundesländer) über 65 Jahre haben im Durchschnitt 50 € weniger Einkommen als allein lebende Männer. Zudem scheint das Einkommen mit dem Alter geringer zu werden.

Haushaltstyp	Durchschnittlich verfügbares Monatseinkommen[1] in €		
	Alte Bundesländer	Neue Bundesländer	Deutschland
Alleinlebende im Alter von ...			
65 bis 74 Jahren	1.415	1.060	1.344
darunter: Frauen	1.360	982	1.283
75 Jahren und älter	1.300	1.140	1.274
darunter: Frauen	1.257	1.090	1.226
Zweipersonenhaushalte, älteste Person ...			
65 bis 74 Jahre	1.738	1.401	1.663
75 Jahre und älter	1.867	1.376	1.784

[1] Vorjahreseinkommen pro Monat (einschl. des Mietwerts selbst genutzten Wohneigentums), äquivalenzgewichtet

Tabelle 3: Monatliches Einkommen in 2002 nach ausgewählten Haushaltstypen, Personen ab 65 Jahre, deutschlandweit

Quelle: vgl. Cirkel, Hilbert, Schalk, S. 15

Eine landesweite Studie[8] in Nordrhein-Westfalen zeigt ein etwas anderes Bild als zuvor dargestellt (Abbildung 5). Dabei ergibt sich für die weiblichen Befragten zwischen 65 und 74 Jahren ein monatliches Einkommen von ca. 1.238 € bis 1.367 €. Diese Zahlen liegen im Rahmen der zuvor genannten Beträge von 1.360 €. Jedoch zeigt sich für die Gruppe der 75- bis 80-jährigen weiblichen Personen ein Einkommen von 1.454 € je Monat, was 16 % über dem Bundesdurchschnitt der alten Bundesländer in Abbildung 2 liegt.

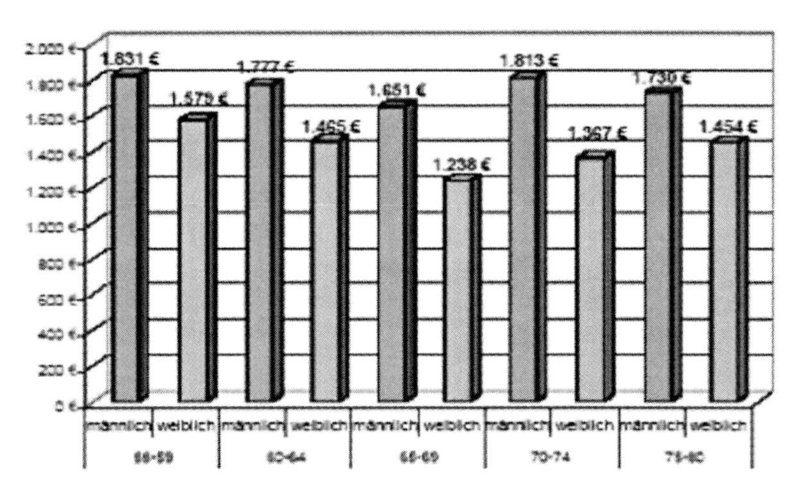

Abbildung 5: Durchschnittliche Nettoeinkommen in Einpersonen-Haushalten nach Alter und Geschlecht[9]

Quelle: MGSFF NRW, Seniorenwirtschaft in NRW

Die Einkommen der über 65-jährigen generieren sich aus der gesetzlichen Rentenversicherung, Vermögenseinkünften, Erwerbseinkünften und sonstigen Transferzahlungen. Den größten Anteil daran hat die gesetzliche Rentenversicherung[10]. In der Studie des Landes NRW ist die Gruppe zwischen 55 und 80 Jahren untersucht worden. Bei dieser Gruppe macht die gesetzliche Rente 51,1 % des gesamten Einkommens aus. In der Studie wird auch deutlich, dass je stärker die Kaufkraft eines Haushaltes ist und je größer ein Haushalt ist, die Abhängigkeit von der gesetzlichen Rentenversicherung geringer ist. Da jedoch die betroffenen Personenkreise des Altenwohnens die Ein- und Zweipersonenhaushalte sind, kann hier von einem höheren Anteil der gesetzlichen Rentenversicherung ausgegangen werden. Das Einkommen von kaufkraftschwachen Einpersonenhaushalten besteht zu 74,8 % von mittelkaufkräftigen zu 64,2 % aus der gesetzlichen Rente.

Das Institut GeroStat hat durch bundesweite Untersuchungen festgestellt, wie sich die Menge der Haushaltseinkommen über die Altersklassen verteilen (Tabelle 4). Fast drei Viertel der über 65-jährigen leben mit einem individuellen Haushaltseinkommen, das unter 1.300 € liegt.

---

[8] vgl. Forschungsgesellschaft für Gerontologie, S. 47
[9] vgl. MGSFF NRW: Seniorenwirtschaft in NRW
[10] wie vor

Individuelles Nettoeinkommen	Insgesamt	65- unter 70 Jahre	70- unter 75 Jahre	75- unter 80 Jahre	80 Jahre und älter
unter 500 EUR	19%	18%	17%	16%	11%
500 - unter 900 EUR	20%	26%	24%	25%	27%
900 - unter 1.300 EUR	23%	28%	30%	30%	33%
1.300 - unter 1.500 EUR	9%	9%	10%	10%	10%
1.500 - unter 1.700 EUR	7%	5%	6%	6%	6%
1.700 - unter 2.000 EUR	6%	4%	4%	5%	5%
2.000 - unter 2.300 EUR	4%	3%	3%	3%	3%
2.300 - unter 2.600 EUR	3%	2%	2%	2%	2%
2.600 EUR und mehr	7%	4%	4%	4%	4%
Gesamt	100%	100%	100%	100%	100%

Tabelle 4: Verteilung des individuellen Haushaltsnettoeinkommens deutschlandweit [11]

Quelle: GeroStat

Die Einkommensverwendung (Abbildung 10) der älteren Generation in Nordrhein-Westfalen zeigt, dass 29,7% des monatlichen Nettoeinkommens für das Wohnen ausgegeben wird. Hierunter ist die Nettokaltmiete zuzüglich aller Nebenkosten zu verstehen[12]. An zweiter Stelle folgen die Ausgaben für Ernährung und Genuss mit 16,3 %.

Für diese Arbeit wird keine Statistik über das Vermögen herangezogen, da es in der Bundesrepublik Deutschland keine Statistik gibt, die auch nur annähernd eine gesicherte Aussage über das Vermögen privater Haushalte trifft[13].

[11] vgl. GeroStat

[12] vgl. Forschungsgesellschaft für Gerontologie, S. 185

[13] wie vor, Seite 186

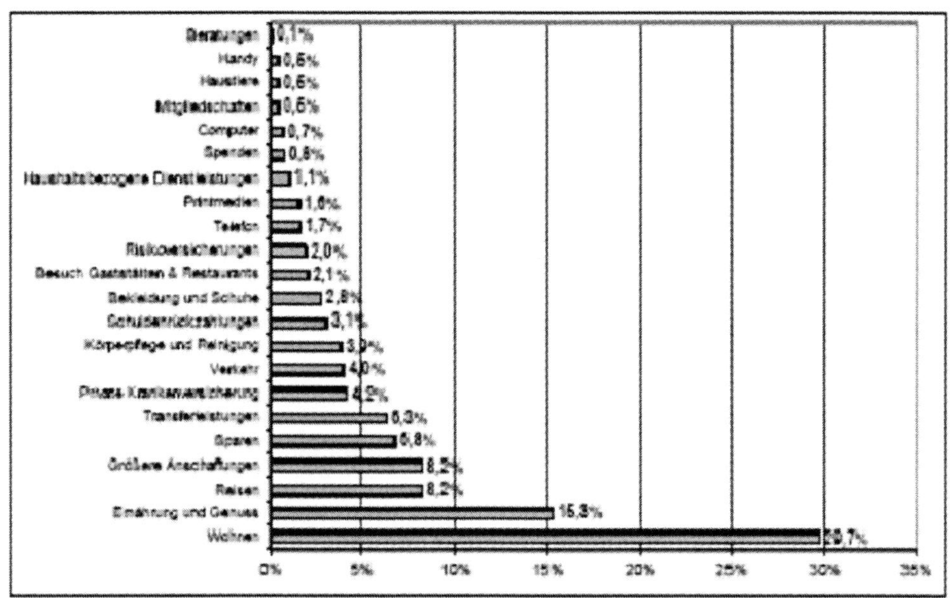

Abbildung 6: Durchschnittliche Anteile der jeweiligen Konsumfelder am durchschnittlichen Haushaltseinkommen

Quelle: Forschungsgesellschaft für Gerontologie

2.1.3 Werte, Präferenzen und Umzugsgründe

Bei der Betrachtung der älteren Generation ist zunächst einmal festzustellen, dass es sich um eine heterogene Gruppe handelt.[14] Die Menschen unterscheiden sich u.a. durch Herkunft, Gesundheitszustand, Einkommen, Bildungsniveau und der entwickelten Lebensstile. Deshalb können nur tendenzielle Gemeinsamkeiten eroiert werden. Für die Stadt Essen liegt zur Zeit keine Untersuchung darüber vor, was die ältere Generation besonders kennzeichnet. Deshalb werden Untersuchungen, die sich auf andere Regionen bzw. größere Untersuchungsräume beziehen, auf die Stadt Essen übertragen.

Mit entscheidend für den Erfolg einer Seniorenimmobilie ist die Umzugsbereitschaft älterer Menschen wirklichkeitsnah einschätzen zu können. Oswald[15] hat festgestellt, dass ältere Menschen möglichst lange in der eigenen Wohnung wohnen wollen und eine starke emotionale Bindung zum Umfeld vorherrscht. Ferner möchten sie die selbständige Lebensführung so lange wie möglich aufrecht erhalten. Dafür ist das eigenständige Wohnen maßgebend. Der dritte Altenbericht der Bundesregierung[16] gibt wieder, dass eine Entscheidung für den

---

[14] vgl. Dr. Claudia Weinkopf, S. 37
[15] vgl. Oswald, F. (1996)
[16] vgl. 3. Altenbericht, S. 254

Umzug in eine spezialisierte Immobilie um so leichter fiele, je näher sie zur bisherigen Wohnung bzw. zum familiären Umfeld läge – idealerweise im gleichen Stadtteil. In Essen spiegelt sich das an dem Essener Stadtteil Kettwig wieder. Dieser Stadtteil war bis 1975 selbständig bevor er in Essen eingemeindet wurde. Deshalb fühlen sich alt eingesessene Bewohner nicht als „Essener", sondern als „Kettwiger"[17]. Ein Umzug in einen anderen Stadtteil Essens würde wohl eher als Umzug in eine andere Stadt empfunden.

Saup hat in einer Befragung von Bewohnern verschiedener Einrichtungen des Betreuten Wohnens folgende Kernaussagen festgehalten[18]:

- Die Krisenvorsorge war für den Umzug der wichtigste Grund
- Viele Bewohner hatten schon vor dem Einzug deutlich reduzierte körperliche Fähigkeiten
- Ca. 70 % Unterstützung bei der selbständigen Lebensführung durch Angehörige
- Das Durchschnittsalter lag bei 78 Jahren (Heimeintritt 83 Jahre)

Ähnlich stellen sich die Gründe für den Umzug in ein Heim dar, die im dritten Altenbericht der Bundesregierung festgestellt wurden[19]:

- Erhebliche Verschlechterung der gesundheitlichen Situation
- Zusammenbrechen der häuslichen Versorgungssituation (u. a. aufgrund des Ausfalls der Hauptpflegeperson)
- Unfähigkeit, nach einem Krankenhausaufenthalt wieder selbständig leben zu können
- Wunsch nach geeigneter Betreuung
- Suche nach Sicherheit bei eingeschränkten Selbstversorgungsfähigkeiten
- Wunsch nach besserer sozialer Einbindung
- Wunsch, Angehörigen nicht zur Last zu fallen
- Eintritt in das Betreute Wohnen, um Heimeintritt hinauszuzögern

Elemente der zuvor dargestellten Untersuchungsergebnisse konnten in diversen Gesprächen und Telefonaten mit Heimleitern, Betreuern oder ambulanten Pflegediensten wieder erkannt und bestätigt werden.

---

[17] Bei diversen Gesprächen oder Telefonaten mit Heimleitern, Verwaltern, Betreuern oder auch ambulanten Diensten auf die Frage festgestellt, aus welcher Umgebung die Bewohner stammen oder zuletzt gewohnt haben.

[18] vgl. Saup, W.

[19] vgl. 3. Altenbericht, S. 254 ff.

2.1.4 Dienstleistungsbedarf

In einer Studie[20] der Gesellschaft für Konsumforschung wurden 70- bis 79-jährige Menschen befragt, welche Dienstleistungen und Angebote für sie schnell und problemlos verfügbar sein sollten. Die unten aufgeführten Angaben zeigen, dass es sich abgesehen vom Pflegedienst zum größten Teil um hauswirtschaftliche Dienste handelt.

- Notrufzentrale: 38 %
- Pflegedienste: 35 %
- Putz- und Haushaltshilfen: 40 %
- Mahlzeitendienste: 28 %
- Einkaufsdienste: 28 %
- Begleitung zum Arzt/Behörden: 28 %
- Fahrdienste: 24 %
- Gartenarbeiten/Winterdienst/Hausordnung: 20 %
- Wäschedienste: 21 %
- Kleinere handwerkliche Tätigkeiten: 21 %
- Reparaturdienste: 18 %
- Treffpunkt für Senioren/Freizeitangebote: 17 %
- Unterstützung beim Ausfüllen von Formularen: 21 %
- Beratungsstellen: 11 %
- Hilfe bei Finanzangelegenheiten: 11 %

Bei der weiteren Befragung gaben jedoch nur 71 % an, zahlungsbereit dafür zu sein und 65 % davon wollten nicht mehr als 125 € je Monat dafür ausgeben[21].

2.1.5 Pflegestruktur

Die Pflegebedürftigkeit einer Person wird im Sozialgesetzbuch (§ 14 Abs. 1 SGB XI) definiert:

> *„Pflegebedürftig im Sinne dieses Buches sind Personen, die wegen einer körperlichen, geistigen oder seelischen Krankheit oder Behinderung für die gewöhnlichen und regelmäßig wiederkehrenden Verrichtungen im Ablauf*

[20] vgl. Dr. Claudia Weinkopf
[21] wie vor

des täglichen Lebens auf Dauer, voraussichtlich für mindestens sechs Monate, in erheblichem oder höherem Maße (§ 15) der Hilfe bedürfen.“

Die genauere Definition von Krankheit, Behinderung bzw. wiederkehrenden Verrichtungen wird in fortfolgenden Paragraphen des SGB erklärt. Die Schwere der Pflegebedürftigkeit wird in vier Stufen eingeteilt und wird von der Pflegeversicherung unterschiedlich hoch finanziert.

Pflegestufe	Bezeichnung/ täglicher Pflegebedarf	Ambulante Pflege	Stationäre Pflege
0	Hilfsbedarf ist notwendig, aber zu gering für Versicherungsauszahlung	-	-
I	Erheblich Pflegebedürftig / 90 Minuten	384 €	1.024 €
II	Schwerpflegebedürftig / drei Stunden	921 €	1.279 €
III	Schwerstpflegebedürftig / fünf Stunden	1.432 €	1.432 €
Härtefall III	Über Schwerstpflegebedürftig hinaus	1.918 €	1.688 €

Tabelle 5: Pflegestufen

Quelle: SGB XI, eigene Darstellung

In Essen gibt es zur Zeit rd. 19400 pflegebedürftige Personen, die stationär, ambulant versorgt werden oder Pflegegeld beziehen. Die Aufteilung auf die Bevölkerungsgruppen ist in Abbildung 7 dargestellt.

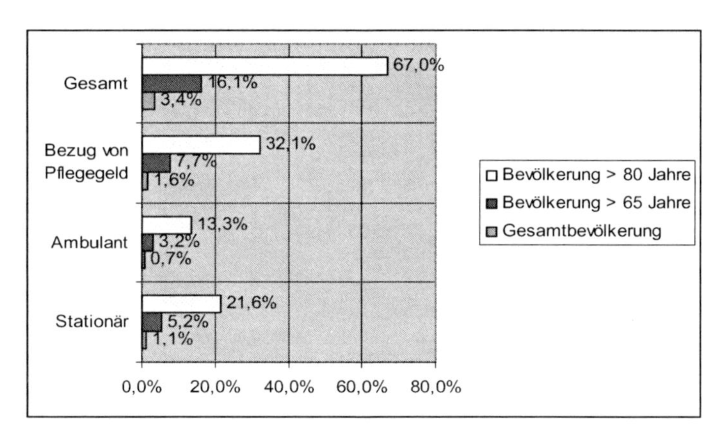

Abbildung 7: Pflegestruktur in Essen

Quelle: Seniorenreferat Essen, eigene Darstellung

Im Vergleich mit den angegebenen Werten von Pamela Busz[22], ergibt sich bei der stationären Pflege eine Übereinstimmung bei der Bevölkerung die älter als 65 Jahre ist (5 %). Dagegen liegt in Essen der Anteil der über 80-jährigen mit 21,6

[22] vgl. Pamela Busz, S. 96

% viel höher als die ermittelten 13,4 % von Pamela Busz. Die pflegebedürftigen Hochbetagten werden in Essen weitaus häufiger als im Bundesdurchschnitt stationär versorgt.

2.1.6 Resümee

Die Nachfrageanalyse ergibt, dass die Bevölkerungsentwicklung der Stadt Essen noch rasanter als im Bundesdurchschnitt verläuft bzw. prognostiziert wird. Für Essen wird eine hohe Überalterung mit einer Zunahme von Hochbetagten vorausgesagt. Dazu kommt noch ein starker Schrumpfungsprozess. Für die ältere Essener Bevölkerung kann angenommen werden, dass eine starke innere Verbindung zu der eigenen Wohnung sowie zur unmittelbaren Umgebung besteht und ein Umzug nur bei schwerwiegenden Gründen vollzogen wird. Ein Indiz dafür ist das hohe Durchschnittsalter von 78 Jahren und die körperlichen Handicaps beim Eintritt in ein Betreutes Wohnen.

Je nach Studie stehen einem Alleinlebenden ab 70 Jahre im Durchschnitt zwischen 1.300 und 1.500 € zur Verfügung wovon ca. 30 % für die Wohnung und 16 % für Ernährung und Genuss ausgegeben werden. Die bundesweite Verteilungsstudie zeigt jedoch, dass ca. 80 % der ab 70-jährigen bis 1.500 € Einkommen haben und 70 % bis 1.300 €. Der Dienstleistungsbedarf von älteren Personen wurde neben der Pflege hauptsächlich im haushaltsnahen Diensten lokalisiert, wofür aber nur 65 % maximal 125 € bezahlen wollen.

Die Pflegestruktur in Essen zeigt eine überdurchschnittlich hohen Anteil an Hochbetagten in der stationären Pflege. Somit muss Essen auch mit einer überdurchschnittlichen Kapazität an Pflegeheimen versorgt werden.

2.2 Angebotsstruktur

Abbildung 8 zeigt die grundsätzlichen Unterschiede, die zwischen den Leistungen des Betreuten Wohnens, eines Pflegeheims und einer Seniorenresidenz bestehen: Es wird dargestellt, welche Leistungen der Bewohner für seine vertraglich vereinbarte Zahlung erhält:

	Betreutes Wohnen	**Senioren-residenz**	**Pflegeheim**
Nutzung von besonderen Einrichtung (Schwimmbad, Bibliothek, ...)			(wenn vorhanden)
Pflege			
Hauswirtschaftliche Dienste			
Verpflegung			
Nutzung von Gemeinschaftseinrichtungen			
Betreuung	(GP)		
Notrufeinrichtung	(GP)		
Unterkunft	(Miete)		

Abbildung 8: Enthaltene Leistungen im vereinbarten Entgelt, GP=Grundpauschale; ROT = nicht enthalten, GRÜN = enthalten

Quelle: Eigene Darstellung

2.2.1 Übersicht des Altenwohnens in Essen

Nachfolgend werden die verbreitetsten Formen des altengerechten Wohnens in Verbindung mit dem vorhandenen Angebot in der Stadt Essen dargestellt. Die unterschiedlichen Wohnformen sind unterteilt in die eigene altengerecht oder noch altengerecht zu gestaltende Wohnung, Wohnen mit Service, Altenwohnungen (hierunter fallen auch die Altenwohnheime) und Altenpflegeheime. In Abbildung 9 wird die prozentuale Verteilung der verschiedenen Formen des altengerechten Wohnens dargestellt. Insgesamt existieren derzeit 5.971 Wohnungseinheiten. Das öffentlich geförderte Wohnen hat fast 60 % Anteil am Gesamtmarkt. Dagegen ist das Betreute Wohnen mit nur 20 % vertreten. Der Vergleich von öffentlich geförderten und frei finanzierten Wohnmöglichkeiten ergibt ein Verhältnis von ca. 70 % zu 30 %. Im Anhang Anlage 1 sind die Adressen der Betreuten Wohnen-Einrichtungen und Seniorenresidenzen aufgeführt und in einer Karte der Stadt Essen markiert.

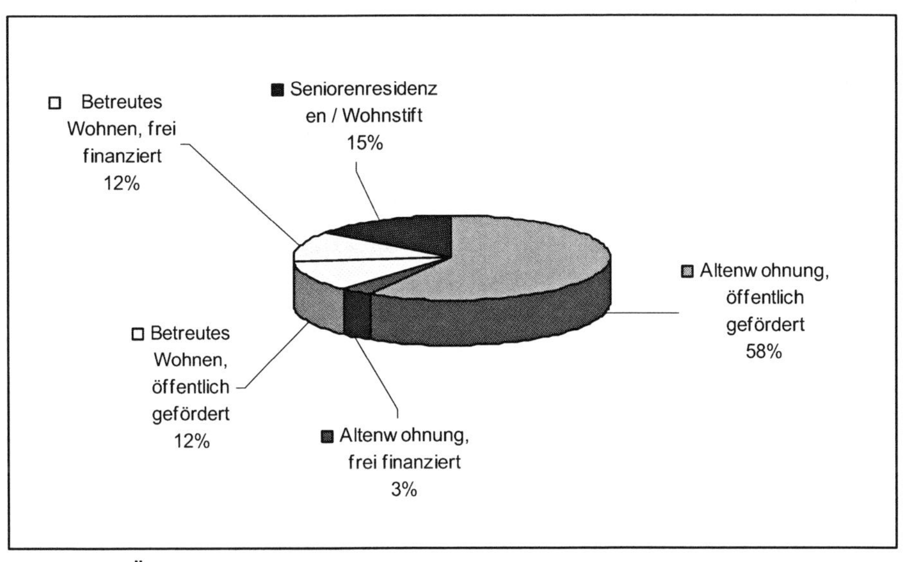

Abbildung 9: Übersicht Altenwohnen in Essen

Quelle: Seniorenreferat Essen, eigene Darstellung

2.2.1.1 Eigene Wohnung

Bei der Planung von Wohnungen oder Häusern wird in der Regel nicht die DIN 18025 beachtet, die altengerecht gestaltet. Für ältere Menschen, deren körperliche Fähigkeiten zur Alltagsbewältigung nachlassen, werden beispielsweise Stufen, Badewannen mit Duschgarnitur oder Treppen zur Stolpergefahr. Die Folgen eines Unfalls können für ältere Menschen eine starke Verschlechterung des Gesundheitszustandes bewirken. Eine altengerechte Ausführung nach DIN 18025 dagegen sorgt für Barrierefreiheit und kann diese Gefahren bannen.

Eine finanzielle Förderung für den privaten Bereich findet nur nach dem Sozialgesetzbuch XI statt. Die Grundvoraussetzung dafür ist, dass der Bewohner vom Medizinischen Dienst der Krankenkasse als pflegebedürftig nach den Pflegestufen gilt. Sollte durch den Umbau die häusliche Pflege ermöglicht oder erleichtert werden sowie eine möglichst selbständige Lebensweise ermöglicht werden, dann wird der Umbau mit 2.556 € je Wohnung von der Sozialverwaltung gefördert[23]. Bei niedrigen Einkommensverhältnissen gibt es weitere Möglichkeiten der Förderung, auf die hier nicht näher eingegangen wird. Über private altengerecht gestaltete Wohnungen liegt keine Datenerhebung vor.

---

[23] vgl. Seniorenreferat Essen

2.2.1.2 Betreutes Wohnen

2.2.1.2.1 Definition Betreutes Wohnen

Das Betreute Wohnen ist wegen der gesetzlich nicht festgesetzten Rahmenbedingungen in verschiedenen Formen vorzufinden. Betreiber sind völlig frei in der Konzeptgestaltung. Das Verwaltungsgericht Baden-Württemberg hat durch eine Rechtsprechung[24] eine Begriffsdefinition geliefert:

> *„Unter „Betreutem Wohnen“ ist eine Wohnform für ältere oder behinderte Menschen zu verstehen, bei der im Interesse der Wahrung einer möglichst lang dauernden eigenständigen Lebensführung neben der alten- und behindertengerechten Wohnung die Sicherheit einer Grundversorgung gegeben ist und im Bedarfsfall weitere Dienste in Anspruch genommen werden können.“*

Das Deutsche Institut für Normung hat ebenfalls eine Definition entworfen[25]:

> *„Beim Betreuten Wohnen handelt es sich um ein Leistungsprofil für ältere Menschen, die in einer nach Lage, Zuschnitt und Ausstattung barrierefreien Wohnung entsprechend DIN 18030 leben, bei dem das Dienstleistungsangebot aus Grundleistungen und Wahlleistungen besteht.“*

Die DIN 18030 „Barrierefreies Bauen“ ist zur Zeit noch im Entwurf. Im Vergleich zur DIN 18025 soll ein größerer Personenkreis angesprochen werden. Ferner umfasst der Maßnahmenkatalog der DIN 18030 nicht nur die Barrierefreiheit der Wohnung, sondern die gesamte Gebäudegestaltung sowie öffentliche Plätze und Einrichtungen.[26]

Die „Kunden“ des Betreuten Wohnens sind ältere Menschen, die noch weitestgehend selbständig leben können, die eigene Wohnung aber aus den in Kapitel 2.1.3 aufgezählten Gründen aufgeben. Das Betreute Wohnen soll neben der Privatsphäre auch die Möglichkeit der Kommunikation und Begegnung mit Gleichaltrigen. Des Weiteren soll eine Notrufanlage mit ständiger Verbindung zu einem Notdienst installiert sein.

---

[24] Urteil vom 12.09.2003, Az 14 S 718/03

[25] Deutsches Institut für Normung, o.T., o.V., 2005

[26] o.V., o.T., in http://www.nullbarriere.de/10din18030/001001din18030.htm, o.J., 22.06.2005

2.2.1.2.2 Vertragliche Beziehungen[27]

Beim Betreuten Wohnen existieren in der Regel zwischen dem Mieter, dem Vermieter und dem Betreuungsunternehmen gegenseitige Verträge. Der Vermieter und der Mieter schließen einen Mietvertrag und die Bereitstellung des Grundservices. Der Vermieter stellt durch einen Kooperationsvertrag mit dem Betreuungsunternehmen die Gewährleistung des Grundservices sicher. Unter Grundservice ist z.B. ein Notrufdienst zu verstehen. Für den Abruf von zusätzlichen Dienstleistungen schließt der Mieter einen Vertrag mit einen externen Dienstleistungs-/Betreuungsunternehmen.

Bei der Vertragsbeziehung zwischen Vermieter und Betreuungsunternehmen unterscheidet der Gesetzgeber zwischen dem „Vorhaltemodell“[28] und dem „Betreuungspauschalenmodell“[29]. Beim Vorhaltemodell stellt der Vermieter durch Kooperationsbeziehungen mit dem Betreuer den Grundservice sicher, während beim Betreuungspauschalenmodell sich der Mieter gegenüber dem Vermieter verpflichtet, von einem bestimmten Betreuungsunternehmen eine bestimmte vereinbarte Leistung zu beziehen. Die Entgelthöhe dafür von bis zu 20 % der Miete zzgl. Betriebskosten wird als vertretbar angesehen.[30]

2.2.1.2.3 Abgrenzung zum Heimgesetz

Die Abgrenzung des Betreuten Wohnens geschieht durch das Heimgesetz. Es formuliert Standards, die Einrichtungen, die unter das Heimgesetz fallen, zwingend einhalten müssen. In den zugehörigen Verordnungen wie HeimPersonalV, HeimMindestbauV etc. sind konkrete Maßnahmen für die Personalanforderung, bauliche Mindestanforderungen etc. genannt. Im Grunde definiert das Heimgesetz die Kriterien wie folgt: *„Ein Heim ist eine Einrichtung für ältere Menschen oder pflegebedürftige oder behinderte Volljährige, die sich mit der Wohnraumanmietung verpflichten, umfangreiche Betreuungs- und Verpflegungsangebote des Heimbetreibers in Anspruch zu nehmen.“*[31]
Aufgrund der Vielfalt der verschiedenen Betriebskonzepte von Einrichtungen, die den Namen Betreutes Wohnen o.ä. tragen, können Einrichtungen auch unter das Heimgesetz fallen. So sind durch die Rechtsprechungen der Oberverwaltungs-

[27] vgl. empirica paper Nr. 78
[28] siehe § 1 Abs. 2 Satz 1 HeimG
[29] siehe § 1 Abs. 2 Satz 2 HeimG
[30] vgl. empirica paper Nr. 78
[31] siehe §1 Abs. 1 und 2 HeimG

gerichte (OVG) Münster und Frankfurt (Oder)[32] Einrichtungen des Betreuten Wohnens dem Heimgesetz zugesprochen worden. Die OVG´s haben bei diesen Einrichtungen die vertraglich vereinbarten Zusatzleistungen (Leistungen über die Grundpauschale hinaus) zwischen dem Träger und dem Betreuungsunternehmen als ständige Vorhaltung von Betreuungs- und Pflegedienstleistungen interpretiert. Durch die letzte Novellierung des Heimgesetzes vom 01.01.2002 ist versucht worden, die Grenze klarer zu definieren (§ 1 Abs. 2 Satz 1 und 2 HeimG[33]):

> *„Die Tatsache, dass ein Vermieter von Wohnraum durch Verträge mit Dritten oder auf andere Weise sicherstellt, dass den Mietern Betreuung und Verpflegung angeboten werden, begründet allein nicht die Anwendung des Heimgesetzes. Dies gilt auch dann, wenn die Mieter vertraglich verpflichtet sind, allgemeine Betreuungsleistungen wie Notrufdienste oder Vermittlung von Dienst - oder Pflegeleistungen von bestimmten Anbietern anzunehmen und das Entgelt hierfür im Verhältnis zur Miete von untergeordneter Bedeutung ist.“*

Insofern ist beim Betreuten Wohnen darauf zu achten, dass unabhängig vom Mietvertrag ein Angebot für Betreuung und Pflege besteht oder, dass bei der Verpflichtung zur Annahme von Dienstleistungen es sich nur um Betreuungsleistungen und Vermittlung von weiteren Dienstleistungen handelt, die im Vergleich zur Miete gering sind.

2.2.1.2.4 Grundtypen des Betreuten Wohnens

Wohnanlagen mit Service-Büro:
Die Wohnanlagen haben ein Service-Büro, das durch einen Mitarbeiter tagsüber besetzt ist. Der Mitarbeiter ist Ansprechpartner für organisatorische Fragen und vermittelt den Bewohnern externe Dienstleistungen.

Wohnanlagen mit integriertem Service:
Die Wohnanlagen enthalten eine Servicestation mit adäquat ausgebildeten Mitarbeitern, die Serviceleistungen selbst erbringen.

Heimverbundene Wohnanlagen:
Die Wohnanlage ist organisatorisch und/oder räumlich einem Pflegeheim angeschlossen. Die Serviceleistungen werden von dort erbracht.

---

[32] OVG Münster, WuM 1999, 412 ff.; OVG Frankfurt (Oder), NJW 2000, 1435 ff.; vgl. auch Schlüter, Betreutes Wohnen und Heimgesetz, NZM 2000, 530 ff.
[33] siehe BGBl. I 2001, S. 2971

Wohnanlagen im Hotelverbund:
Die Wohnanlage ist organisatorisch und/oder räumlich einem Hotel angeschlossen. Das Hotel hält gewisse Serviceleistungen vor und bietet seine Infrastruktur zur Mitnutzung an.

Wohnstifte / Seniorenresidenzen:
Das sind Wohnanlagen, die zwar eine selbständige Haushaltsführung ermöglichen, der Bewohner jedoch eine hauswirtschaftliche Teil- oder Vollversorgung in Anspruch nehmen muss. Meistens sind Seniorenresidenzen im Hotelverbund oder mit angeschlossenem Pflegeheim zu finden. Sie zeichnen sich durch zusätzliche Ausstattung aus, die über den Bedarf hinausgehen.

2.2.1.2.5 Angebotsstruktur in Essen

Die Grundtypen des Betreuten Wohnens sind auch in Essen vorhanden. Es handelt sich immer um eigenständige Wohnanlagen und das Raumkonzept ist nach DIN 18025 barrierefrei. Sie unterscheiden sich im Wesentlichen durch die Größe der Wohnungen, die Art und Menge der Gemeinschaftsräume sowie das Betriebskonzept.

Entscheidend für die Art des Betreuten Wohnens ist der Träger bzw. der Eigentümer der Anlage. Private Investoren oder Wohnungsunternehmen ziehen die Form des Wohnens mit Service vor. Dabei werden keine Verträge mit Dienstleistungsunternehmen vom Träger vereinbart. Hier wird ein Konflikt mit dem Heimgesetz möglichst vermieden. Karitative Vereine, Wohlfahrtsverbände, Kirchenvereine etc., die bereits über Pflegeheime oder Pflegedienste verfügen, versuchen, ihre Ressourcen mit dem Betreuten Wohnen zu koppeln. Zwar wird das Betreute Wohnen vom Pflegebereich auch administrativ getrennt, jedoch liegt es nahe, den Grundservice vom eigenen Personal erbringen zu lassen und Zusatzleistungen anzubieten. Private Betreiber treten in der Regel im Hotelverbund oder als Seniorenresidenz auf. Neben den Wohnungen für das Betreute Wohnen werden auch Pflegeplätze vorgehalten.

Der Einfluss der Finanzierungsart muss ebenfalls betrachtet werden. Das Betreute Wohnen ist zwischen öffentlich gefördert und frei finanziert zu differenzieren. Während für das Betreute Wohnen keine gesetzlich formulierten

Rahmenbedingungen existieren, wurden von der Kommune für das öffentlich geförderte Betreute Wohnen eindeutige Abgrenzungskriterien festgesetzt.

2.2.1.2.6 Öffentlich gefördertes Betreutes Wohnen

Für die mit öffentlichen Mitteln geförderten Wohnanlagen gibt es u.a. nachfolgende Bedingungen in Essen:[34]

- Planung, Lage, Größe und Ausstattungsstandard aller Wohn- und Gemeinschaftsräume nach Landesrichtlinien
- Alleinstehende Personen, die das 60. Lebensjahr vollendet haben
- Ehepaare, von denen mindestens ein Teil das 60. Lebensjahr vollendet hat
- Wohnungsgröße für alleinstehende Menschen zwischen 35 und 47 qm (für Rollstuhlfahrer max. 55 qm)
- Wohnungsgröße für Paare zwischen 50 und 62 qm (für Rollstuhlfahrer max. 70 qm)
- Gewährleistung eines ausreichenden Betreuungsangebotes für die Bewohner/innen (es kann sich von der hauswirtschaftlichen über die soziale bis hin zur pflegerischen Dienstleistung erstrecken)

Die Miethöhe für öffentlich geförderte im ersten Förderweg dürfen pro qm Wohnfläche nicht mehr als 4,55 € kosten, Wohnungen im zweiten Förderweg nicht mehr als 6,10 € pro qm Wohnfläche. Die Berechtigung, eine öffentlich geförderte Altenwohnung zu beziehen, ist neben dem Wohnberechtigungsschein an folgende Einkommensgrenzen gebunden:

- für Einpersonenhaushalte jährlich 15.000,-Euro und
- für Zweipersonenhaushalte jährlich 20.000,-Euro

Für Wohnungen, die im zweiten Förderweg finanziert wurden, ist eine um bis zu 60 %ige Erhöhung der vorgenannten Einkommensgrenzen zulässig. Bei der Einkommensberechnung werden Pauschalen in Abzug gebracht, ebenso gibt es Freibeträge bei Schwerbehinderung und Pflegebedürftigkeit und sonstige Freibeträge. Neben der Miete kann der Eigentümer eine Betreuungspauschale für die Serviceleistungen in Rechnung stellen. Die Höhe der Betreuungspauschale ist genehmigungspflichtig.

---

[34] vgl, Seniorenreferat der Stadt Essen

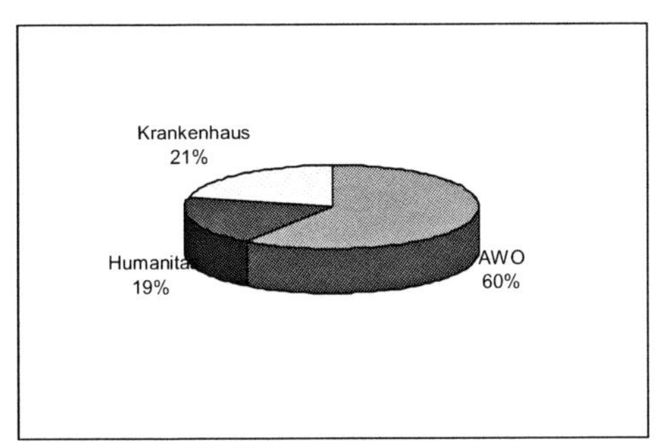

Abbildung 10: Betreuung des öffentlich geförderten Betreuten Wohnen

Quelle: Seniorenreferat Essen, eigene Darstellung

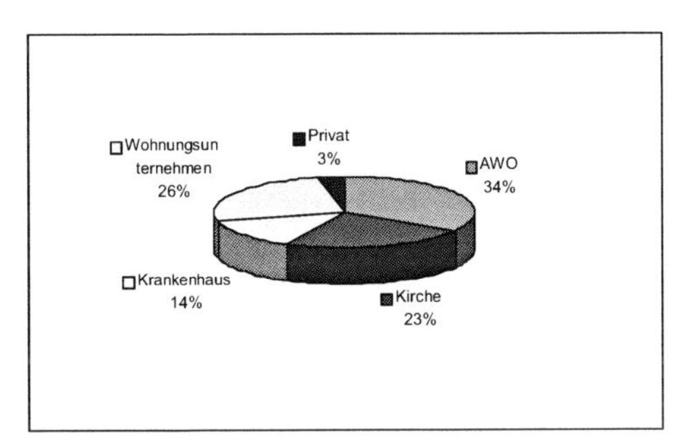

Abbildung 12: Öffentlich gefördertes Betreutes Wohnen nach Trägern

Quelle: Seniorenreferat Essen, eigene Darstellung

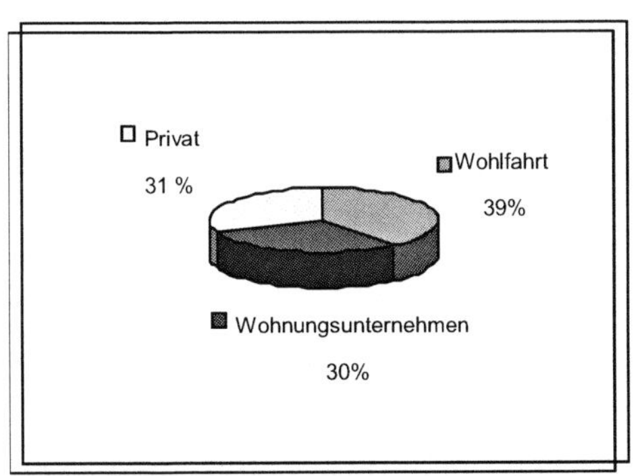

Abbildung 11: Träger des frei finanziertes Betreutes Wohnen nach Trägern

Quelle: Seniorenreferat Essen, eigene Darstellung

Die Wohlfahrtsverbände und Kirchen, insbesondere die Arbeiterwohlfahrt, sind Träger von 71 % aller Wohneinheiten (Abbildung 10). Dem gegenüber stehen die Wohnungsunternehmen mit 26 % und private Träger mit 3 % „Marktanteil". Im Bereich der Betreuung ist die Arbeiterwohlfahrt mit 60 % der aller Einrichtungen der Hauptdienstleister (Abbildung 11). Insgesamt sind 731 Wohnungen zu betreuen.

2.2.1.2.7 Frei finanziertes Betreutes Wohnen

Der frei finanzierte Bereich wird nicht durch kommunale Gelder gefördert worden. Alle 684 Wohneinheiten sollten sich ausschließlich durch die Mieteinnahmen refinanzieren lassen. Dementsprechend gelten hier auch keinerlei Beschränkungen. Im Vergleich zu den öffentlich finanzierten Einrichtungen ändert sich zum frei finanzierten Bereich die Träger- und Betreuungsstruktur (Abbildung 12 und 13). Der Anteil der Wohlfahrtsverbände sinkt von 71 % auf 39 %. Kirchen und Krankenhäuser treten weder als Träger noch als Betreuungsunternehmen auf. Auch die AWO tritt nur noch einmal als Träger und vereinzelt als Betreuung auf. Dafür steigt der Anteil der privaten Träger von 3 % auf 31 % an. Im Betreuungsbereich ist bei frei finanzierten Objekten ein erhöhter Anteil von privaten Dienstleistungsunternehmen festzustellen.

Der Mietzins für die frei finanzierten Wohnungen reicht von dem Verweis auf den Mietwertspiegel zzgl. Nebenkosten (Essen: 4 bis 8 € Nettokaltmiete)[35] bis zu 15,50 € inklusive Nebenkosten[36]. Der Höchstpreis inklusive Nebenkosten und Pauschale liegt umgerechnet bei 33,06 € für eine 1-Raumwohnung.[37] Diese Einrichtung ist jedoch wie eine Seniorenresidenz mit angeschlossener Pflege konzipiert und bietet einen entsprechend hohen Standard wie z.B. eine eigene Bibliothek. Da Seniorenwohnimmobilien in erster Linie Wohnimmobilien sind, sollte auch hier die Orientierung an der ortsüblichen Miete mit bis zu einer Erhöhung von 20 % bis max. 30 % stattfinden[38]. Die Gründe für die Erhöhung der Miete sind die erhöhten Baukosten für das barrierefreie Bauen und den hohen Anteil an gemeinschaftlichen Räumen.[39] Die Preise für die Betreuungspauschalen bewegen sich von 50 € bis 200 €. pro Monat[40]

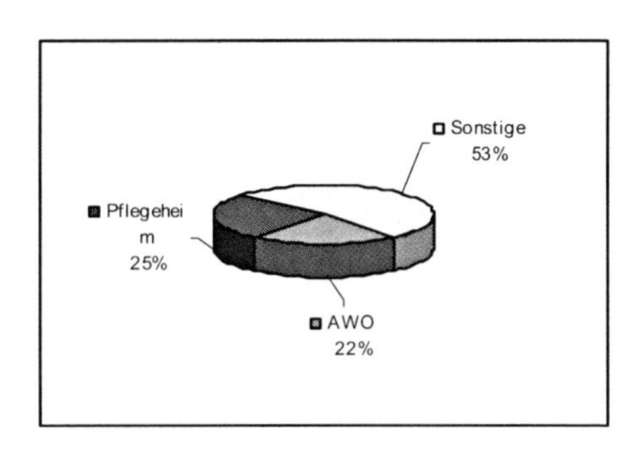

Abbildung 13: Dienstleister des frei finanzierten Betreuten Wohnen

Quelle: Seniorenreferat Essen, eigene Darstellung

2.2.1.2.8 Seniorenresidenzen/Wohnstifte:

Mit 870 Wohneinheiten ergibt sich bezogen auf die Bevölkerung über 65 Jahre eine Versorgungsquote von 0,7 Wohneinheiten je 100 Menschen. Im Vergleich zu genannten Richtwerten[41] von 1-3 Wohneinheiten je 100 Einwohner über 65 Jahre liegt Essen deutlich darunter.

Die Seniorenresidenzen in Essen bieten einen gehobenen Standard bzgl. Wohnen und Pflege. Die Inneneinrichtungen sind hochwertig und es sind zusätzliche Gemeinschaftsräume wie beispielsweise Bibliothek, Restaurant, Schwimmbad oder Sauna vorhanden. Jede Seniorenresidenz hat neben den Wohnungen auch stationäre Pflegeplätze vorzuweisen. Sie sollen dem Kunden

---

[35] vgl. Gutachterausschuss Stadt Essen, Mietspiegel 2004

[36] Betreutes Wohnen in Kettwig, Bauherrin: Doris Schmitz-Grothaus (Eröffnung Sommer 2005)

[37] Bettina-von-Armin-Haus, 1.091,- € monatlich für ca. 33 m^2, 1.598,- € monatlich für ca. 55 m^2

[38] Vgl. Klemmer, Seniorenimmobilie, S.780; o. V., Sozialimmobilien, S. 5. Beim Aufschlag von über 50 % besteht die Gefahr des Mietwuchers. Vgl. Falk, Immobilien-Handbauch, Kap. 3.4.1, S.2

[39] vgl. Sommer/Piehler: Gebäudewertermittlung, Gruppe 4, S. 168

[40] Nach Auskunft der telefonisch angefragten Wohnanlagen, z.T. sind keine Angaben gemacht worden.

einen Übergang von der betreuten Wohnung in den Pflegebereich ohne erneuten Umzug als Vorteil anbieten.

Stadtteil	**Anzahl**	**Name**	**Träger**	**Pflegeplätze**
Rellinghausen	400	Wohnstift Augustinum	Wohnstift Augustinum	
Rüttenscheid	101	Mundus	Mundus	36
Stadtwald	115	Arkanum Gesellschaft für betreutes wohnen mbH	Arkanum	24
Steele	134	Rhenania	Rhenania	152
Südviertel	76	Nova-Vita Residenz	Care-Management GmbH (im Hotelverbund)	25
Westviertel	44	Curanum Seniorenresidenz und Pflegezentrum Essen Weststadt	Curanum	56
Gesamt	**870**			

Tabelle 6: Seniorenresidenzen in Essen

Quelle: Seniorenreferat Essen, eigene Darstellung

Die Seniorenresidenzen in Essen bieten für einen monatlichen Pauschalpreis ein Leistungspaket an, das über die reine Wohnmiete hinausgeht. Bei allen Anbietern sind folgende Leistungen in der Regel in der Pauschale enthalten. Sie können voneinander differieren, sind aber im Kern gleich:

- Mietnebenkosten
- Regelmäßige Reinigung der Böden und sanitären Anlagen des Appartements (zumeist einmal wöchentlich)
- Fensterreinigung (monatlich, vierteljährlich)
- Mittagessen im Speisesaal mit der Möglichkeit unter drei verschiedenen Speisen zu wählen
- Wöchentliches Waschen der persönlichen Flachwäsche (Bettwäsche, Handtücher)
- Dienstbereitschaft des sozialtherapeutischen Dienstes tagsüber
- Dienstbereitschaft des Pflegedienstes (Tag und Nacht)
- Nutzung der Gemeinschaftseinrichtungen des Hauses (z.B. Schwimmbad, Sauna, Gymnastikraum, Bibliothek, Clubraum)

---

[41] vgl. Pamela Busz:, S. 95; Richtwert für hochpreisige Seniorenwohnimmobilien in Großstädten, Verdichtungsräumen

- Teilnahme an kulturellen Veranstaltungen (z.T. auch gegen Entgelt)
- Beratung (z.B. Antragsbearbeitung, Arztwahl) und Organisation (z.B. Arzttermin, Friseurtermin, Taxiruf) durch das Personal (zumeist zeitl. begrenzt)
- Kleinere Hausmeistertätigkeiten (zumeist zeitl. begrenzt)

Weitere Dienstleistungen (zusätzliche Reinigungen, Hausmeistertätigkeiten, Fahrdienst, Zimmerservice etc.) können gegen ein zusätzliches Entgelt von den Bewohnern in Anspruch genommen werden. Durch die umfangreichen Leistungspakete, die im Entgelt vorhanden sind, fallen die Seniorenresidenzen unter das Heimgesetz.

Die monatlichen Preise für die zuvor genannten Leistungen liegen je nach Anbieter und Zimmergröße zwischen ca. 1.320 € und 3.290 €[42]. Die Raumanzahl je Wohnung variiert dabei von 1 über 1,5 bis maximal 2 Zimmer. Die Wohnflächen liegen zwischen 30 qm und 84 qm. Z.T. wird von den Bewohnern vor Eintritt auch die Einzahlung eines Darlehens verlangt (z.B. Augustinum Stift, bei einer 1-Zimmer Wohnung von ca. 32 qm ein Darlehen von 13.000 €).

Im Rahmen der Recherche im Raum Essen bleibt festzuhalten, dass das günstigste Angebot für den Eintritt in eine Seniorenresidenz 1.321 € je Monat für ein ca. 30 m² großes Apartment kostet. Der Durchschnittspreis liegt bei ca. 1.546 € je Monat[43].

2.2.1.3 Altenwohnungen / Altenwohnheim

Bei Altenwohnungen bzw. Altenwohnheimen ist auch zwischen öffentlich geförderten und frei finanzierten zu unterscheiden. Für die öffentlich geförderten Altenwohnungen gelten die gleichen Vorgaben wie für das Betreute Wohnen. Insgesamt existieren 3.686 Altenwohnungen in Essen. Davon sind 202 frei finanziert. Tabelle 7 zeigt die Aufteilung der frei finanzierten Altenwohnungen nach Bauherrn. Neben der AWO, der ev. Kirche und der Fürstin-Franziska-Christine Stiftung sind noch mit dem Bauträger Gewobau und der W. Jänsch GmbH zwei private Bauherrn in diesem Markt vertreten. Der frei finanzierte Bereich spielt eine untergeordnete Rolle.

---

[42] Preise der Anbieter aus deren Broschüren und dem Internet entnommen.
[43] Aus den Anbieterpreisen das arithmetische Mittel gebildet (n=5)

Bauherr	Anzahl der Wohnungen
AWO	39
Ev. Kirche	71
Fürstin-Franziska-Christine-Stiftung	23
Gewobau	49
W. Jänsch GmbH	20
Gesamt	**202**

Tabelle 7: Frei finanzierte Altenwohnungen nach Bauherrn

Quelle: Seniorenreferat Essen, eigene Darstellung

Die Marktaufteilung der Altenwohnungen im öffentlich geförderten Bereich ist in der Abbildung 14 dargestellt. Ungefähr je ein Drittel liegen jeweils im Besitz von Wohlfahrtsverbänden/Kirchen und Wohnungsunternehmen. 26,2 % gehören zu einer Kooperation aus dem Bauträger Sahle und der Arbeiterwohlfahrt (AWO). Privat/gewerbliche Träger und Stiftungen haben dabei mit rund 9 % einen untergeordneten Marktanteil.

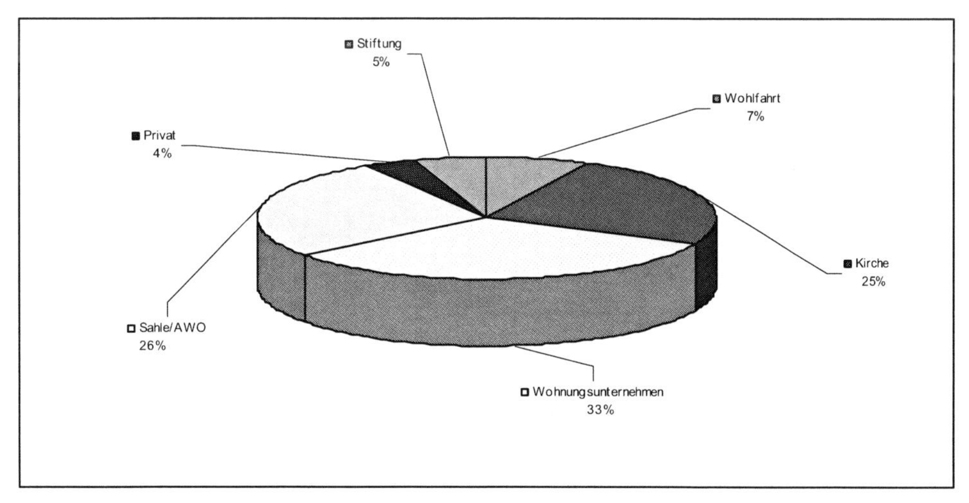

Abbildung 14: Träger der öffentlich geförderten Altenwohnungen

Quelle: Seniorenreferat Essen, eigene Darstellung

2.2.1.3.1 Vertragliche Beziehungen

Die vertragliche Regelung zwischen Bewohner und Vermieter beruht auf einem üblichen Mietwohnvertrag. Zur Gewährleistung eines ausreichenden Betreuungsangebots schließt der Eigentümer ggf. Verträge mit Wohlfahrtsverbänden oder anderen Anbietern derartiger Dienstleistungen. Diese Verträge sind bei öffentlich

geförderten Wohnräumen mit der Bewilligungsbehörde abzustimmen. Der Bewohner kann dann nur die Dienstleistungen dieses Anbieters nutzen.

2.2.2 Pflegeheim

In Essen gibt es zur Zeit ca. 6.400 stationäre Pflegeplätze in 65 Einrichtungen, die auch zu 100 % ausgelastet sind[44].

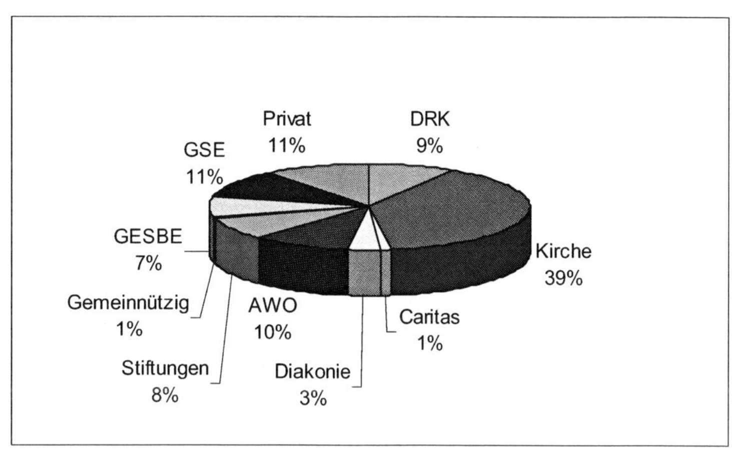

Abbildung 15: Marktanteile der stationären Pflege

Quelle: Seniorenreferat Essen - eigene Darstellung

Nach § 69 SGB XI haben die Pflegekassen den Auftrag, die pflegerische Versorgung gemäß Stand der medizinsch-pflegerischen Erkenntnisse für die Versicherten sicher zu stellen. Dafür schließen die Pflegekassen Versorgungsverträge mit den Trägern der Pflegeeinrichtungen, was gleichbedeutend mit einer Zulassung ist. Aus Sicht des Versicherten ist wichtig zu wissen, ob Einrichtungen auch Vergütungsvereinbarungen mit der Pflegekasse und dem zuständigen Sozialhilfeträger geschlossen haben. Denn falls nach § 91 Absatz 1 SBG XI keine Pflegesatzvereinbarung getroffen wurde, findet auch nur eine Kostenerstattung in Höhe von max. 80 % der o.g. Sätze statt[45]. Des Weiteren besteht dann auch mit dem Sozialhilfeträger keine Vereinbarung, die Kosten im Sozialfall zu übernehmen.[46] Für den Bewohner des mittleren Einkommen bedeutete das der zwangsweise Umzug in eine andere Pflegeimmobilie. In Essen haben alle Pflegeheime bis auf die Seniorenresidenzen Pflegesatzvereinbarungen getroffen.[47]

---

[44] Telefonat Pflegeberatung Essen, Frau Breuing, Sachbearbeiterin, 07.06.2005

[45] § 91 Abs. 2 (2) SGB XI

[46] § 91 Abs. 2 (3) SGB XI

[47] vgl. Sozialamt Stadt Essen, Liste der Pflegeheime

Seit 2003 das Landesamt für Daten und Statistik für die Datenerhebung der Pflege zuständig ist, liegen dem Sozialamt Essen keine differenzierten Daten mehr vor. Der Pflegebedarfsplan 1999 ist das jüngste Dokument[48], das eine differenzierte Darstellung der Pflegesituation von damals wiedergibt. Es ist nicht aktuell, aber es ist davon auszugehen, dass sich innerhalb von sieben Jahren, die Struktur der Pflege nicht gravierend geändert hat (Tabelle 8).

Alter/Pflegestufe	0	I	II	III	III HF	k.A.	Summe	Anteil in %
bis 65	64	71	92	96	6	4	**333**	**5%**
66 - 70	36	45	73	56	1	3	**214**	**3%**
71 - 75	66	97	140	142	2	5	**452**	**7%**
76 - 80	82	202	308	231	9	11	**843**	**13%**
81 - 85	116	295	405	291	8	11	**1126**	**18%**
86 - 90	164	443	689	523	17	24	**1860**	**29%**
91 - 95	88	220	458	399	8	23	**1196**	**19%**
96 - 100	24	42	132	115	7	0	**320**	**5%**
über 100	0	3	13	15	1	1	**33**	**1%**
Summe	**640**	**1418**	**2310**	**1868**	**59**	**82**	**6377**	**100,0%**
Anteil in %	**10%**	**22%**	**36%**	**29%**	**1%**	**1%**	**100%**	

Tabelle 8: Vollstationäre Pflege nach Alter und Pflegestufe, 1999

Quelle: Pflegebedarfsplan Essen 1999 - eigene Darstellung

Die Gruppe der 76- bis 95-jährigen stellen fast 80 % aller vollstationär gepflegten Personen. Davon waren die 86- bis 90-jährigen mit 29 % vom Gesamtanteil die größte Gruppe. Ferner ist die Pflegestufe II mit 36 % vom Gesamten die ausgeprägteste Pflegestufe. Es folgt Pflegestufe III mit 29 % und Pflegestufe I mit 22 %. Pflegestufe III mit Härtefällen spielten eine untergeordnete Rolle.

Im Vergleich der unterschiedlichen Träger geordnet nach Bett je Räumen ergibt sich zwischen Freier Wohlfahrt / Gemeinnützigen und den privaten Trägern ein Unterschied in der Struktur. Die privaten Träger hatten einen weitaus höheren Anteil an 2- Bett-Zimmern (76,1 %) als Erstere (Tabelle 9).

[48] vgl. Sozialamt Stadt Essen, Pflegebedarfsplan 1999

Träger	Freie Wohlfahrt		Gemeinnützig		Privat		Gesamt	
Betten / Raum	absolut	*Anteil*	absolut	*Anteil*	absolut	*Anteil*	absolut	*Anteil*
1-Bett	1952	*43,1%*	322	*34,5%*	167	*16,1%*	**2441**	37,5%
2-Bett	2446	*54,0%*	518	*55,5%*	790	*76,1%*	**3754**	57,7%
3-Bett	78	*1,7%*	66	*7,1%*	81	*7,8%*	**225**	3,5%
4-Bett	52	*1,1%*	28	*3,0%*	0	*0,0%*	**80**	1,2%
Gesamt	**4528**	***100,0%***	**934**	***100,0%***	**1038**	***100,0%***	**6502**	**100,0%**

Tabelle 9: Vollstationäre Pflege nach Organisation und Betten je Raum, 1998

Quelle: Pflegebedarfsplan Essen 1998, eigene Darstellung

In Tabelle 10 ist ein wesentlicher Unterschied zwischen der Trägerart und der Pflegestufe zu erkennen. Die privatwirtschaftlichen Organisationen haben gegenüber Wohlfahrt und gemeinnützigen Vereinen einen deutlich höheren Anteil an Pflegestufe II im Gegensatz zu Pflegestufe I und 0.

Träger	Freie Wohlfahrt		Gemeinnützig		Privat		Gesamt	
Pflegestufe	absolut	*Anteil*	absolut	*Anteil*	absolut	*Anteil*	absolut	*Anteil*
0	**481**	*10,7%*	**118**	*12,7%*	**45**	*4,5%*	**644**	*10,1%*
I	**981**	*21,9%*	**253**	*27,3%*	**189**	*19,1%*	**1423**	*22,3%*
II	**1591**	*35,5%*	**323**	*34,9%*	**402**	*40,6%*	**2316**	*36,2%*
III	**1343**	*30,0%*	**224**	*24,2%*	**304**	*30,7%*	**1871**	*29,3%*
III HF	**49**	*1,1%*	**3**	*0,3%*	**7**	*0,7%*	**59**	*0,9%*
k.A.	**33**	*0,7%*	**5**	*0,5%*	**44**	*4,4%*	**82**	*1,3%*
	4478	*100,0%*	**926**	*100,0%*	**991**	*100,0%*	**6395**	*100,0%*

Tabelle 10: Vollstationäre Pflege nach Organisation und Pflegestufe, 1999

Quelle: Pflegebedarfsplan Essen 1999 - eigene Darstellung

Die durchschnittliche Auslastung der Betten über alle Träger betrug ca. 96 %. Die Wohlfahrt hatte mit über 98 % eine fast vollständige Auslastung während die privaten Einrichtungen nur 92 % schafften.

2.2.3 Resümee

Der Essener Markt des Altenwohnens besteht zu 70,5 % aus öffentlich geförderten Einrichtungen. Von den restlichen 29,5 % sind 14,6 % Seniorenresidenzen. Das bedeutet 70 % der Einrichtungen sind auf finanziell schwache Menschen und 14,6 % auf finanziell starke Menschen ausgerichtet. Für Menschen, deren

Einkommen zwischen diesen Gruppen liegt, stehen rund 14,9 % der Einrichtungen zur Verfügung.

Der Betrieb von Altenwohnanlagen geschieht im öffentlich geförderten Bereich fast ausschließlich durch karitative, gemeinnützige oder kirchliche Vereine. Im Bereich des frei finanzierten Bereichs nimmt der Anteil von privaten und gewerblichen Trägern und Dienstleistern zu. Stärkster Dienstleister ist die Arbeiterwohlfahrt. Seniorenresidenzen werden durchweg privat betrieben.

Aus der Pflegebedarfsplanung von 1999 lassen sich für den heutigen Zeitpunkt folgende Tendenzen für die Belegung von Pflegeheimen ableiten:

- 80 % des Klientels sind zwischen 75 und 95 Jahren alt
- Pflegestufe II ist vor III und I die dominierende Pflegestufe
- Privat geführte Pflegeeinrichtungen haben einen weitaus größeren Anteil an Mehrbett-Räumen als karitative Einrichtungen
- Private Einrichtungen waren 1998 überdurchschnittlich mit Pflegestufe II und unterdurchschnittlich mit 0 und I belegt.

2.3 Bedarfslücke für mittlere Einkommensgruppen

2.3.1 Definition der mittleren Einkommensgruppe

Wie in den vorigen Kapiteln festgestellt wurde, besteht der Essener Seniorenimmobilienmarkt aus drei verschiedenen Kategorien von Einrichtungen: Altenwohnungen, Betreutes Wohnen und Seniorenresidenzen (abgesehen von reinen Pflegeheimen und der eigenen Wohnung). Unterscheidet man diese Einrichtungen jedoch nach den anfallenden Entgelten für den Kunden, so ergeben sich drei Preissegmente:

- Seniorenresidenzen
- frei finanzierte Einrichtungen
- öffentlich finanzierte Einrichtungen

Die Seniorenresidenzen mit 14,6 % Marktanteil sind dem oberen Preissegment zuzuordnen. Wie in Kapitel 2.3 beschrieben ist der günstigste Eintritt in eine Seniorendresidenz in Essen mit einer monatlichen Ausgabe von 1.321 € verbunden. Die Gegenleistungen sind ca. 30 m² privater Wohnraum inkl.

Nebenkosten und bestimmte Dienstleistungen. Zur Abdeckung des täglichen Bedarfs sind aber zumindest noch Ausgaben für Frühstück und Abendessen, Telefonkosten, GEZ-Gebühren, Haftpflicht- und Hausratversicherung, Reinigungsmittel, Artikel für die Körperpflege, Frisörbesuche, Genussmittel, Kleidung etc. zu berücksichtigen. Ferner ist ein eventuelles Bedürfnis nach Kulturveranstaltungen, Reisen, neuen Anschaffungen, Restaurant- oder Café-Besuchen zu berücksichtigen.

Die frei finanzierten Einrichtungen stellen mit 14,9 % Marktanteil das mittlere Preissegment dar. Die anfallenden Kosten belaufen sich auf ortsübliche Mieten mit max. 30 % Zuschlag[49], Betriebskosten, den Kosten für die Betreuung und den sonstigen Kosten, die im täglichen Leben anfallen.

Öffentlich geförderte Einrichtungen mit 70,5 % Marktanteil sind wegen der kommunal auferlegten Kriterien dem unteren Preissegment zuzuordnen. In Kapitel 2.3 sind die Einkommensobergrenzen von 15.000 € (Alleinlebende) und 20.000 € (Ehepaare) als Voraussetzung zur Zulassung für diese Einrichtungen im 1. Förderweg genannt worden. Auf den Monat umgerechnet ergeben sich 1.250 € für Alleinlebende und ca. 1.667 € für ein Ehepaar.

Die „mittlere Einkommensgruppe" liegt zwischen der Möglichkeit der öffentlichen Förderung und dem hochpreisigen Segment. Die Untergrenze wird deshalb auf 1.250 € Einkommen festgelegt. Für die Obergrenze das Einkommen, was den Eintritt in eine Seniorenresidenz o.ä. ermöglicht. Das liegt jedoch in der subjektiven Betrachtung jedes Einzelnen. Hier muss man unterstellen, dass älteren Menschen unterschiedliche Ansichten darüber haben, welcher Betrag es Wert ist, in einer Seniorenresidenz zu leben oder welcher Geldbetrag nach Abzug der monatlichen Fixkosten der Einrichtung auskömmlich ist. Hier wird eine Obergrenze von 2.000 € monatlich festgelegt.

Es handelt sich hierbei um die Festlegung eines Bandes und nicht fester Grenzen. Es ist z.B. möglich mit 1.250 € in die öffentliche Förderung durch den 2. Förderweg zu gelangen oder mit 2.000 € in einer Seniorenresidenz zu leben. Nur aufgrund der defizitären Haushaltslage[50] der Stadt Essen und einem Anteil von ca. 70 % der älteren Bevölkerung (siehe Tabelle 4, Kapitel 2.1.2), die unter 1.300

[49] siehe auch Kapitel 2.3

€ Einkommen hat, ist es eher unwahrscheinlich in den Genuss einer Förderung zu kommen. Ebenso ist es möglich mit 2.000 € in einer Seniorenresidenz zu leben, jedoch gilt zu berücksichtigen, dass es nur wenige Plätze der günstigsten Kategorie gibt und die Wahrscheinlichkeit, dass diese belegt sind, recht hoch ist. Zudem ist der frei zur Verfügung bestehende Geldbetrag im Vergleich zum Betreuten Wohnen bedeutend geringer. Der finanzielle Unterschied zwischen einer Seniorenresidenz und dem Betreuten Wohnen wird anhand einer einfachen Beispielrechnung deutlich. In der nachfolgenden Rechnung sind die Kosten eines Betreuten Wohnens mit den verpreisten Inklusivleistungen einer Seniorenresidenz addiert worden, um den Vergleich zwischen beiden ziehen zu können

Wohnung incl. Nebenkosten:	
30 m² Wohnfläche x 15,50 €/m² [51]=	465,- €
Betreuungspauschale oben enthalten	0,- €
Pauschale Mittagessen[52]	47,10 €
1 x Reinigung (15 Min.): 4 x 20,80 €[53]	83,20 €
1 x Hausmeister (15 Min.) 4 x 20,80 €[54]	83,20 €
Gesamt	678,50 €

Es ergibt sich eine Differenz von rd. 650 € je Monat (1.321 – 678,50 €). Beim Betreuten Wohnen sind natürlich keine besonderen Einrichtungen wie z.B. eine Bibliothek oder eine Sauna vorhanden, die kostenlos genutzt werden könnte. die berechnete Differenz ist für einen Bewohner relevant, der diese zusätzlichen Einrichtung nicht regelmäßig nutzt.

Zur Ermittlung des Marktpotenzials für das Betreuten Wohnen im mittleren Preissegment kann man einen Bedarf von zwei bis drei Wohneinheiten je 100 über 65-jährige zugrunde legen.[55] Um von den einzelnen Einwohnern auf die benötigten Wohneinheiten zu kommen wird das Ergebnis durch 1,5 dividiert. So werden anteilig auch Zweipersonenhaushalte berücksichtigt (1,5 Personen je Haushalt).

---

[50] o.V.: Vorbericht zum Haushalt 2005, Stadt Essen, 2004; Es wurde ein Haushaltsdefizit von 441,2 Mio. € bei einem Gesamtvolumen von 2.692,6 Mio. € für den Haushalt 2005 angesetzt

[51] Ansatz vom teuersten Betreuten Wohnen in Essen

[52] Ausgewiesene Kosten der Seniorenresidenz Mundus

[53] wie vor

[54] wie vor

[55] vgl. Pamela Busz, S. 97

Relevante Zielgruppe der über 65-jährigen	rd. 116.000 EW
Durchschnittliche Haushaltsgröße in der relevanten Zielgruppe	1,5
Bedarf der über 65-jährigen gesamt	2 bis 3%

Bedarf: 2% von 116.000 EW / (1,5 EW / Wohnung)	1.550
Bestand Betreute Wohnungen, frei finanziert	./. 686
Kalkulatorisches Marktpotenzial	**864**

Für die Stadt Essen ergibt sich zur Zeit ein kalkulatorisches Marktpotenzial von 864 Wohneinheiten für das frei finanzierte Betreute Wohnen im mittleren Preissegment. Dieses Ergebnis geht mit den Auskünften von Betreibern, Betreuern oder Pflegediensten über ihre eigenen Einrichtungen des Betreuten Wohnens[56] konform. Eine 100 % - Auslastung mit Warteliste war die Regel.

2.3.2 Finanzierung der Pflege durch den Pflegebedürftigen

Ein bedeutender Anteil der Ausgaben kann mit zunehmendem Alter die Pflege sein. Denn mit zunehmendem Alter kann angenommen werden, dass die Pflegebedürftigkeit steigt und damit auch die Kosten dafür. Die Pflege kann durch Angehörige zu Hause, durch einen ambulanten Pflegedienst oder stationär im Heim erfolgen. Bei der Pflege innerhalb einer Seniorenimmobilie kommt nur die ambulante oder stationäre Pflege in Frage. Nach einer Studie in Braunschweig[57] ist die ambulante Pflege minimal teuerer als die stationäre Pflege. Als repräsentatives Beispiel werden die Pflegesätze der Arbeiterwohlfahrt in Essen für das Kurt-Schumacher-Zentrum herangezogen.

---

[56] Telefonate mit: 28.04.2005, Herr Bein, Bettina-von-Arnim-Haus; 09.05.2005, Frau Kaldeweit, Gewobau, Betreutes Wohnen im Stadtteil Steele und Werden; 20.04.2005 mit Herrn Harenberg und Frau Harenberg, Erbengemeinschaft Brauksiepe, Betreutes Wohnen in Kupferdreh; 24.05.2005 Häusliche Alten- und Krankenpflege etc.

[57] vgl. Heiber: Auszug aus „Kostenvergleich ambulanter und stationärer Versorgung"

Pflegestufe	0	I	II	III
Pflegesatz	27,19 €	42,55 €	61,09 €	80,33 €
Unterkunft und Verpflegung	26,67 €	26,67 €	26,67 €	26,67 €
Investitionskostenbeitrag	13,24 €	13,24 €	13,24 €	13,24 €
Tagessatz	67,10 €	82,46 €	101,00 €	120,24 €
EZ-Zuschlag	1,12 €	1,12 €	1,12 €	1,12 €
Tagessatz	**68,22 €**	**83,58 €**	**102,12 €**	**121,36 €**
Monatliches Entgelt	2.046,60 €	2.507,40 €	3.063,60 €	3.640,80 €
Abzug der Pflegeversicherung	0,00 €	1.024,00 €	1.432,00 €	1.688,00 €
Eigenleistung	2.046,60 €	1.483,40 €	1.631,60 €	1.952,80 €

monatl. Über-/Unterdeckung bei				
... 1.250 € Einkommen	-546,60 €	16,60 €	-131,60 €	-452,80 €
... 2.000 € Einkommen	-46,60 €	516,60 €	368,40 €	47,20 €

Tabelle 11: Berechnung des monatlichen Resteinkommens bei stationäre

Quelle: AWO Essen und eigene Darstellung

In Tabelle 11 wird deutlich, dass bei stationärer Pflege ein monatliches Einkommen von 1.250 € schon zur Unterdeckung der Kosten führt. Erst ab 2.000 € kann die Pflege durch das eigene Einkommen finanziert werden. Das bedeutet, dass die mittleren Einkommensgruppen die Pflege nicht selbst finanzieren können. In diesem Fall hat der Pflegebedürftige sein sonstiges Vermögen für die Kostenbegleichung einzusetzen. Ist dieses Vermögen aufgebraucht, übernimmt der zuständige Sozialhilfeträger den Ausgleich des Fehlbetrages nur, wenn auch ein Familienmitglied diesen nicht übernehmen kann und eine Pflegesatzvereinbarung mit dem örtlichen Sozialhilfeträger existiert.[58]

2.3.3 Konzepte für die „mittlere“ Einkommensgruppe

In den vorigen Kapiteln ist die „mittlere“ Einkomensgruppe in einer Bandbreite zwischen 1.250 bis 2.000 € monatlich definiert worden. Die betroffenen Menschen sitzen „zwischen den Stühlen“ der öffentlichen Förderung und den hochpreisigen Produkten. Das kalkulatorisch ermittelte Marktpotenzial beim mittelpreisigen Betreuten Wohnen von 864 Plätzen indiziert ebenfalls eine Bedarfslücke. Diesen Mangel konnte mir Herr Hüsken vom Seniorenreferat aus seinem Empfinden heraus bestätigen, weil bei Informationsgesprächen mit älteren Personen häufig Interesse an Betreutem Wohnen im Preissegment um die 7,50 €/m² (Nettokaltmiete) gezeigt wurde[59]. Schon der Pflegebedarfsplan von

[58] siehe § 91 Abs. 1 SGB XI

[59] Telefonat, Hr. Hüsken, Seniorenreferat Essen, Seniorenreferatsleiter, 30.05.2005; Hr. Hüsken hat sein subjektives Empfinden darüber geäußert, welche Wohnform des Altenwohnens am meisten Bedarf hat. Sein Gradmesser sind Anfragen aus der Vergangenheit.

1999 macht auf die starke Nachfrage nach dem „bezahlbarem“ Wohnen neben dem öffentlichen geförderten aufmerksam.[60]

Unter dem Gesichtspunkt von Pflegekosten wird deutlich, dass die stationäre und ambulante Pflege nach den Pflegestufen für die mittleren Einkommen alleine nicht mehr finanzierbar ist. Sie sind auf jeden Fall auf die Hilfe anderer angewiesen.

Im folgenden Kapitel werden im Rahmen einer ersten Projektentwicklung drei grundverschiedene, frei finanzierte Konzepte beschrieben und kalkuliert, um herauszufiltern, welches Konzept für die mittlere Einkommensgruppe attraktiv und finanzierbar. Gleichzeitig wird die Rentabilität für Betreiber und Investor überprüft. Der ausgesuchte Standort ist ein unbebautes Grundstück im Stadtteil Rüttenscheid in Essen.

[60] vgl. Sozialamt Essen, Pflegebedarfsplan Essen 1999

3 Projektentwicklung

Im folgenden Kapitel werden drei verschiedene Konzepte des Altenwohnens untersucht: Betreutes Wohnen, Pflegeheim und eine Kombination aus Pflege und betreutem Wohnen. Diese Konzepte sind am Markt schon vorhanden. Hier werden in einer ersten Projektentwicklung die Möglichkeiten dieser Konzepte im Hinblick auf Renditeerwartungen des Investors und Betreibers sowie den Eintrittskosten für den Kunden der „mittleren Einkommensgruppe“ untersucht.

3.1 Standortanalyse

3.1.1 Makrostandort

Der Makrostandort Essen gehört mit einen Bruttoinlandsprodukt mit 64.306 € je Erwerbstätigen zum überdurchschnittlichen Bereich des Ruhrgebiets. Ebenso zeigt die Kaufkraftkennziffer mit 107,3 eine überdurchschnittlich starke Kaufkraft zu NRW (103,7). Ferner sind folgende Kennziffern[61] maßgebend:

Kaufkraftkennziffer	107,3
Umsatzkennziffer	123,3
Zentralitätskennziffer	118,8
Arbeitslosenquote	12,7 %
BWS[62] je Einwohner (i.Vgl. zum Bundesdurchschnitt)	105 %
Unternehmen je 10.000 Einwohner	139 (Ruhrgebiet 120)

Die Lage des Stadtteils Rüttenscheid wird von der HypoVereinsbank[63] als mittel bis gut eingestuft.

3.1.2 Mikrostandort

Die kennzeichnenden Merkmale eines qualifizierten Standorts für eine Seniorenimmobilie sind in Abbildung 16 dargestellt. Ein geeigneter Standort für eine Seniorenwohnimmobilie muss höhere Ansprüche erfüllen als eine Pflegeimmobilie. Die Bewohner sind in der Bewegungsfreiheit eingeschränkt, sollen aber ein

[61] IHK Essen, Wirtschaftszahlen 2003
[62] BWS: Bruttowertschöpfung

so weit wie möglich selbständiges und unabhängiges Leben führen. Dafür muss eine entsprechende Infrastruktur in der nahen Umgebung vorhanden sein. Vor diesem Hintergrund gilt es zwischen innerstädtischer Nähe und hohen Grundstückspreisen abzuwägen. Die nahe Peripherie wird von innerstädtischen Grundstückslagen häufige erfüllt, jedoch sind die Grundstückspreise meistens erheblich höher als im Umland. Der ausgesucht Standort ist in Abbildung 17 und im Anhang Anlage 6 markiert.

	Pflegeimmobilie	**Wohnimmobilie**
Einkaufsmöglichkeiten für den täglichen Bedarf	◔	●
Medizinische Versorgung	●	●
Behörden Gemeindeeinrichtungen	◑	◑
Kultur Bildung und Sport	◔	◕
Verkehrsanbindung	◑	●
Dienstleistungsunternehmen	◔	◕

Abbildung 16: Bedeutung der Standortfaktoren nach Seniorenimmobilientypen;

◔ = unwichtig; ◑ = wichtig; ◕ =sehr wichtig; ● = unabdingbar

Quelle: Pamela Busz, S.118

[63] HVB-Expertise für Essen, 2004

3.1.3 Grundstücksrechte und Belastungen

Das ausgewählte Grundstück liegt im Stadtteil Rüttenscheid an der Ecke Gummertstraße / Ursulastraße direkt neben dem Gußmannplatz.

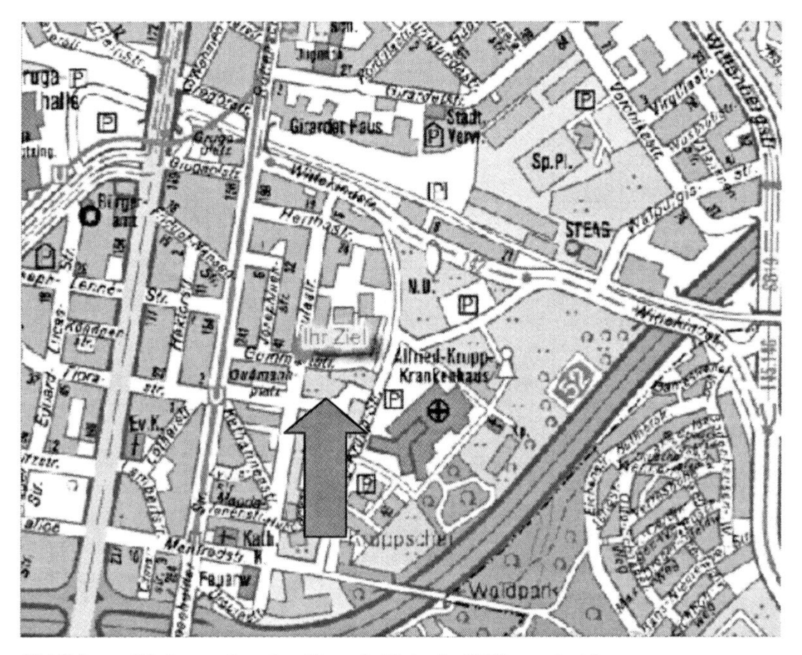

Abbildung 17: Lageplan des Grundstücks in Rüttenscheid

Quelle: www.essen.de, Stadtplan, eigene Darstellung

Dieses ausgesuchte Grundstück ist Teil der Parzelle 2/96 und ist zur Zeit noch unbebaut. Für das Grundstück liegt ein Bebauungsplan vor (Abbildung 18). Der Bebauungsplan kennzeichnet diesen Grundstücksteil als allgemeines Wohngebiet mit dreigeschossiger Bebauung. Für die weiteren Betrachtungen werden die Geschossflächenzahl (GFZ)- und Grundflächenzahl (GRZ)-Bestimmungen aus der Bodenrichtwertkarte herangezogen.

Einsicht in die Grundbücher konnte nicht genommen werden, weil kein berechtigtes Interesse bestand. Es wird davon ausgegangen, dass es lastenfrei ist.

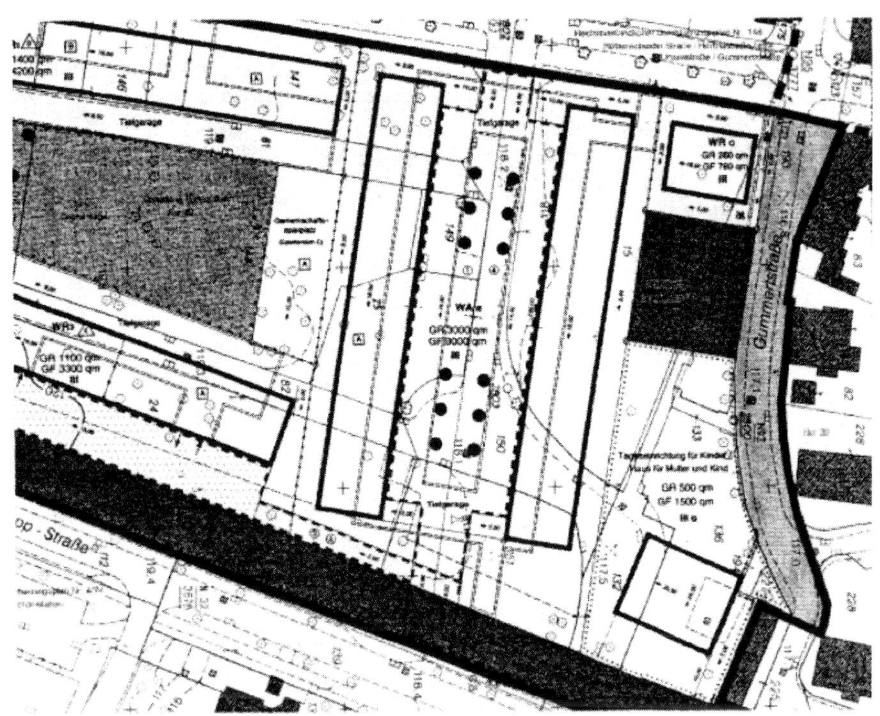

Abbildung 18: Aktueller Bebauungsplan

Quelle: Bauplanungsamt Stadt Essen

3.1.4 Eigenschaften und Beschaffenheit des Grundstücks

Es handelt sich um ein ebenes Grundstück mit den Abmaßen von ca. 100 m Breite und 40 m Tiefe. Die Oberfläche ist mit Baumwuchs versehen und müsste gerodet werden (Abbildung 19). Zur Berücksichtigung von Kontamination und Altlasten sollte ein Baugrundgutachten mit Bodenanalyse vorgenommen werden. Ferner ist die Kampfmittelfreiheit sowie die Bergsenkungsgefahr zu überprüfen.

Abbildung 19: Luftbildaufnahme des Grundstücks, o.J. (2000)

Quelle: www.essen.de, Stadtplan

3.1.5 Umgebende Bebauung

Die umgebende Bebauung ist durch das Krupp-Krankenhaus, neu erstellte und ältere dreigeschossige Wohnungsbauten sowie der denkmalgeschützten Krupp-Siedlung Altenhof I geprägt. Die Krupp-Siedlung Altenhof I[64] wurde 1898 für die alten Invalidenarbeiter der Krupp-Werke geplant und dokumentiert die auf soziale Integration seiner Arbeiter ausgerichtete Einstellung des Bauherrn sowie die zur Jahrhundertwende gültigen, romantisch geprägten Zeitbilder in Architektur und Städtebau. Wegen seiner auch heute noch erhaltenen städtebaulichen Funktion ist der Gußmannplatz bedeutend für die Geschichte des Menschen, insbesondere die Architektur-, Sozial- und Städtebaugeschichte. Seine Erhaltung und Nutzung ist aus künstlerischen, wissenschaftlichen und städtebaulichen Gründen geboten.

[64] aus: Denkmalliste der Stadt Essen, Stand: 22.06.2002, Gußmannplatz 001.025 / Katharinenstr. 001, Stadtbezirk II / Essen-Rüttenscheid, Siedlung Altenhof I (Krupp), Baudenkmal 0115/10.07.1986

3.1.6 Infrastruktur und Nahversorgungseinrichtungen

In Tabelle 12 sind die harten Standortfaktoren für eine Seniorenwohnimmobilie abgefragt worden.

	Bis 300 m	300 bis 500 m	> 500 m
Einkaufsmöglichkeiten für den täglichen Bedarf	• Bäckerei • Lebensmittel (Edeka) • Zeitschriften	Metzger	
Medizinische Versorgung	• Alfried-Krupp-Krankenhaus • Praktischer Arzt • Apotheke	• Kurzzeitpflege im Giradet-Haus • Internist • Zahnarzt • Sonstige Fachärzte • Krankengymnastik/Physiotherapie • Optiker	• Tagespflegeeinrichtung • Sonstige Fachärzte, Hörgerätakustiker, Drogerie, Reformhaus an der nördl. Rüttenscheider Str. (bis ca. 1 km)
Behörden, Gemeinde-einrichtungen	Evangelische und katholische Kirche		Ämter sind in der Nähe des Hauptbahnhofs (ca. 3 km)
Kultur, Bildung, Sport	• Restaurant • Café • Begegnungs-stätte (AWO)	Kruppscher Waldpark	• Gruga-Park (800 m), Theater, Philharmonie, Museen, öffentl. Badeanstalt in der Nähe des Hauptbahnhofes (ca. 3 km) • Altentagesstätte (1 km)
Verkehrsanbindung	• Bus: 101, 107, 127, 160, 161, 142 • U-Bahn: U 11; Taktfrequenz: bis zu alle 5 Minuten, Anbindung in alle Richtungen • Taxistand am Krankenhaus	Taxiunternehmen	Bundes- und S-Bahn ab Hauptbahnhof (3 km)
Dienstleistungs-unternehmen	• Geldautomat, Sparkasse • Friseur • Reinigung • Postfiliale	Fußpflege, Maniküre	

Tabelle 12: Checkliste Infrastruktur

Quelle: eigene Darstellung

Der Standort bietet zur Eigenversorgung eine sehr gute Lage, da Einrichtungen zur Versorgung des täglichen Bedarfs und Medizin innerhalb von 300 m zu erreichen sind. Ferner liegt mit dem Krupp´schen Waldpark eine Grünanlage

direkt neben dem Krankenhaus und ist in Kürze erreichbar. Lediglich für behördliche Angelegenheiten oder besondere kulturelle Veranstaltungen müssen die naheliegenden Verkehrsmöglichkeiten oder ein Fahrdienst in Anspruch genommen werden. Die geforderten Standortkriterien werden sowohl für Wohn- als auch für Pflegeimmobilien erfüllt.

3.1.7 Bodenrichtwerte

Die Bodenrichtwerte sollen die Kalkulationsgrundlage für den Kaufpreis des Grundstücks sein. Um diesen Kauf zu verwirklichen, müsste der Eigentümer eine Grundstücksteilung herbeiführen.

Die Bodenrichtwerte sind in der Bodenrichtwertkarte der Stadt Essen einzusehen. Für diesen Standort gelten folgenden Randbedingungen:

- Gemarkung Rüttenscheid: Nr. 512
- Stichtag: 01.01.2005
- Beitragszustand: frei
- Nutzungsart: Wohngebiet, Ergänzung zur Nutzung: Wohnungseigentum
- GFZ: 3
- GRZ: 1,2
- Geschossigkeit: III
- Entwicklungszustand: Bauland

Die Bodenrichtwertkarte (Abbildung 20 und 21) zeigt zwei Werte:

1. Bodenrichtwert 360 €/m²;

Bedarfswert zum 1.1.1996: 311,89 €/m², nordwestlich des Alfried Krupp Krankenhauses

2. Bodenrichtwert 395 €/m²,

Bedarfswert zum 1.1.1996 in €/m²: 342,57; Wohngebiet nördlich der Festwiese

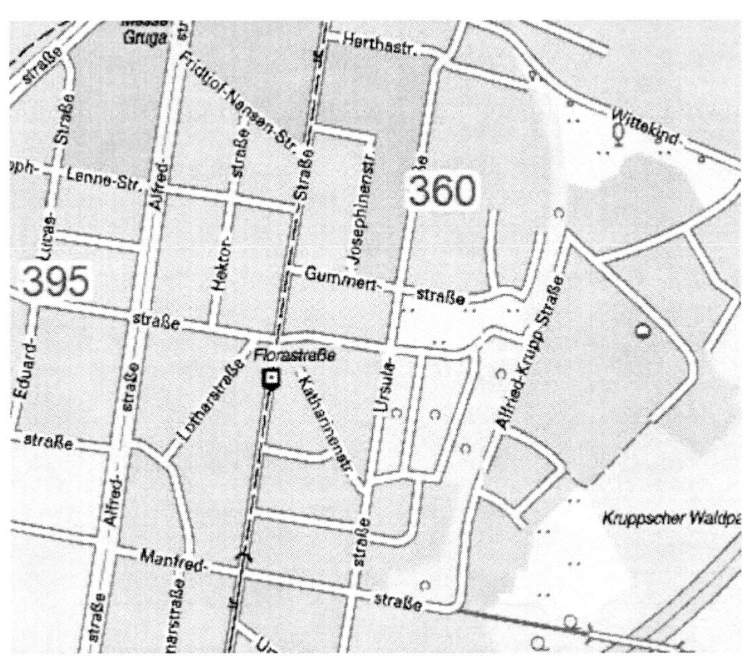

Abbildung 20: Auszug aus der Bodenrichtwertkarte, M1:10.000

Quelle:
http://www2.boris.nrw.de/bodenrichtwerte/index.php?%20adr_gemeinde=Essen&search=suchen

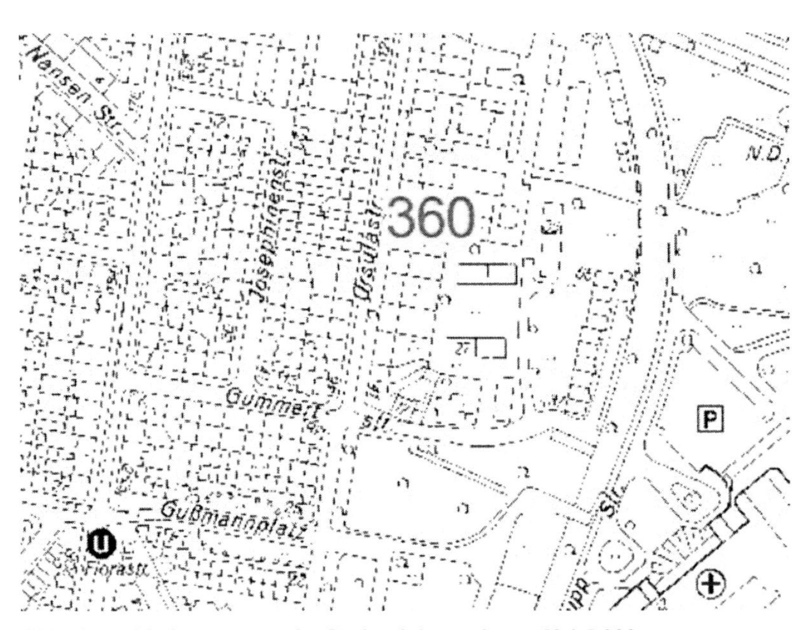

Abbildung 21: Auszug aus der Bodenrichtwertkarte, M 1:5.000

Quelle:
http://www2.boris.nrw.de/bodenrichtwerte/index.php?%20adr_gemeinde=Essen&search=suchen

Da der erste Bodenrichtwert von 360 €/m² fast direkt neben dem Grundstück liegt ist dieser maßgebend. Das Grundstück hat keine ideale Grundstückform, da es sich nach Osten stark verjüngt, sich wieder leicht aufweitet, so dass eine leichter Hals entsteht. Eine kompakte Bebauung wäre somit nur auf dem westlichen Teil von ca. 3.600 m² Größe möglich (Abbildung 22).

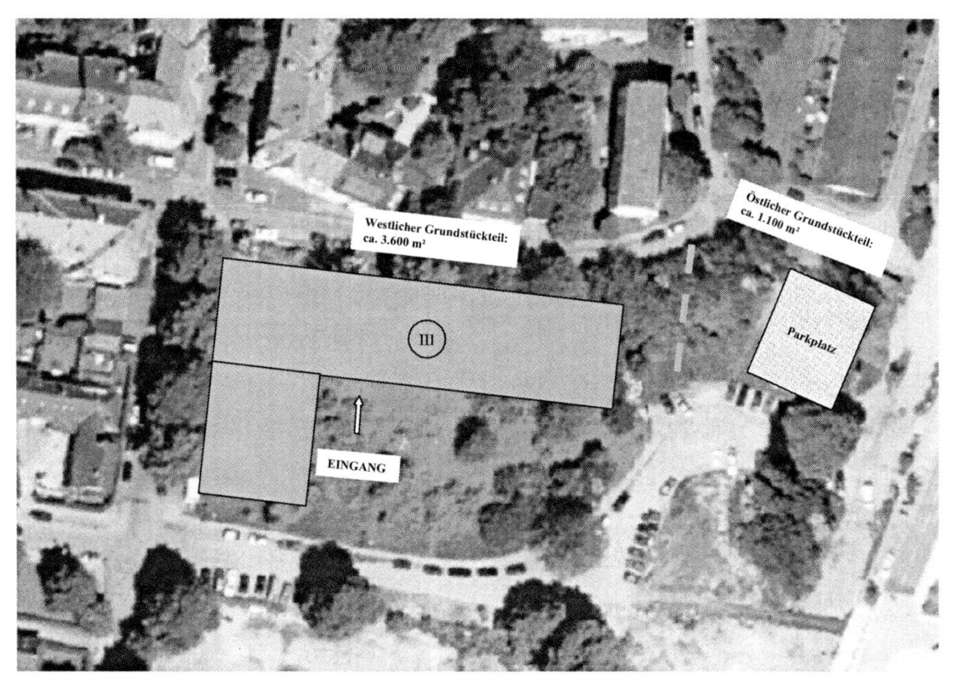

Abbildung 22: Möglichkeit der Gebäudeumrissgestaltung

Quelle: wie vor und eigene Darstellung

In Anbetracht der ungünstigen und großen Grundstücksform, der umgebenden Bebauung, die keine Grundstücksausnutzung von GFZ = 3,0 zeigt und, dass der Bodenrichtwert aus dem Kauf einer oder mehrere Eigentumswohnung/en abgeleitet wurde, lässt eine Reduzierung des Bodenrichtwertes zu. Für die Kostenkalkulation werden 300 €/m² angenommen.

3.1.8 Image

Die Lage am unteren Ende der Rüttenscheider Straße ist eine zentrale Lage, die aber schon Randbereich des Essener Südens liegt. Die Rüttenscheider Str. ist nach der Kettwiger Str. in der Innenstadt eine beliebte Einkaufsstraße, die sich über ca. zwei Kilometer erstreckt. Ferner haben sich an dieser Straße viele Cafés, Bars und Kneipen angesiedelt, die tagsüber und abends frequentiert werden. In der Höhe des Gußmannplatzes ist jedoch nicht mehr das Zentrum der Rüttenscheider Straße, sondern eher die Auslaufzone der Straße. Durch die zugehörigen Grün-/Waldflächen des Krupp-Krankenhauses kann die Wohnlage als zentrumsnah mit Erholungscharakter eingestuft werden. In direkter Nachbarschaft sind hochwertige Mietwohnhäuser entstanden, die eine positive Entwicklung auslösen könnten.

3.2 Betreutes Wohnen

Das Konzept Betreutes Wohnen konzentriert sich auf den Bereich Altenwohnen mit einer Grundabsicherung. Der Mehrwert für den Bewohner im Vergleich zur Mietwohnung, Eigentumswohnung etc. liegt in der Verhinderung der Vereinsamung und der Sicherheit, immer einen Ansprechpartner mit einer Organisation vor Ort zu haben sowie auf ein Notruf-Hilfesystem Zugriff zu haben.

Die in 3.2 durchgeführt Standortanalyse zeigt, dass alle für Seniorenwohnimmobilien unabdingbaren und sehr wichtigen Kriterien innerhalb von 300 m Entfernung liegen. Dieser Standort ist deshalb ideal für ein Betreutes Wohnen.

3.2.1 Konkurrenzobjekte

3.2.1.1 Vorhandene Anlagen

Im Anhang Anlage 8 sind alle frei finanzierten Objekte in Essen aufgelistet und die Karte im Anhang Anlage 6 zeigt die Lage der Objekte. Die Wohnungszahl dieser Objekte schwankt zwischen 16 und 92 je Anlage. Ebenso sind unterschiedliche Raumgrößenkonzepte vorhanden. In älteren Anlagen sind 1-Raumwohnungen mit einer Mindestgröße von 22 m² zu finden. Jüngere Anlagen sind dagegen eher mit größeren 1-, 1,5- und 2-Raumwohnungen ausgestattet. Die geringste Wohnfläche einer 1-Raumwohnung beträgt 40 m². Zudem sinkt der Anteil von 1-Raumwohungen zugunsten von 1,5- und 2-Raumwohnungen in neueren Anlagen. Eigentumswohnungen können bis zu 120 m² groß sein.

3.2.1.2 Geplante Anlagen

Die Erweiterung einer Einrichtung um eine geringe Anzahl von Plätzen ist geplant. Das Betreute Wohnen im Essener Stadtteil Kettwig von der Bauherrin Doris Schmitz-Grothaus soll im Sommer 2005 in Betrieb gehen.[65]

3.2.2 Betriebskonzept

Das Betriebskonzept teilt sich in Dienstleistungen für Bewohner, haustechnischen und persönlichen Service auf.

Dienstleistungen für Bewohner

Das Dienstleistungskonzept beinhaltet das Angebot der Grundpauschale zur Abdeckung der Sicherheitsbedürfnisse. Diese Grundpauschale sollte drei Komponenten beinhalten:

- Vorhaltung einer Notrufeinrichtung
- Individuelle Beratungs-, Informations-, Organisations- und Vermittlungsleistungen durch einen ständigen Ansprechpartner vor Ort
- Soziale Betreuung und Freizeitorganisation von Gruppenveranstaltungen

Haustechnischer Service

Zur Sicherstellung einer funktionierenden Haustechnik kann ein Hausmeister angestellt oder ein externer Dienstleister beauftragt werden.[66] Ein interner Hausmeister könnte gleichzeitig auch einen Teil der vereinbarten Grund- oder Zusatzleistungen für die Bewohner erbringen.

Betreuung/Persönlicher Service

Eine ständiger Ansprechpartner für individuelle Beratungs-, Informations-, Organisations- und Vermittlungsleistungen ist werktags immer vor Ort, vergleichbar mit einer Hotelrezeption.

Für die Betreuung sollte eine sozialpädagogisch geschulte Fachkraft an bestimmten Tagen vor Ort sein. Hinsichtlich des Personalbedarfs gehen Empfehlungen und Erfahrungen auseinander:

- Ab 25 Wohnungen mindestens eine Viertel-Stelle[67]
- Personalschlüssel von 1:60 auf der Grundlage von BAT IVb[68]
- 1,5 bis zwei Stunden pro Bewohner/Monat[69]
- Eine Stunde je Bewohner und Monat[70]

Durch diese Informationen ergibt sich ein Intervall von einer Vollstelle je 60 Bewohner bis zu 170 Bewohner je Vollstelle. Der abgeschätzte Mittelwert liegt bei einer Vollstelle je 100 Bewohner.

---

[65] siehe auch Kapitel 2.3

[66] vgl. MGSFF NRW, Qualitätssiegel „Betreutes Wohnen für ältere Menschen in Nordrhein-Westfalen", empfiehlt einen Hausmeister vor Ort.

[67] vgl. Kuratorium Qualitätssiegel Betreutes

[68] vgl. Landeswohlfahrtsverband Baden:Leitfaden „Betreutes Wohnen im Alter"

[69] vgl. Landkreis Aichach-Friedberg, Landkreis Augsburg/Bayerisches Sozialministerium, 10 Jahre Betreutes Wohnen in der Region Augsburg – eine kritische Bilanz.

[70] Vgl. Sozialhilferichtlinien Baden-Württemberg 50, 2002:Mehrbedarf bei betreutem Seniorenwohnen, BSHG § 23 Nr. 23.04)

Leistungen haustechnischer und hauswirtschaftlicher Art sowie Pflegedienstleistungen werden nicht vorgehalten, sondern nur vermittelt und werden vom Bewohner direkt mit dem Erbringer der Leistung abgerechnet.

Die Grenze von Zusatzleistung und Grundleistung sollte für Träger und Mieter kalkulierbar sein. Während der Träger anstrebt, viele Dienstleistungen in die Grundpauschale zu integrieren, um die Fixkostendeckung zu sichern, strebt der Bewohner ein möglichst kleines Leistungspaket an, um die fixen Ausgaben gering zu halten. Hier gilt es, eine angemessene Grenze zu finden.

3.2.3 Gebäude

3.2.3.1 Raumprogramm

Die Räume können in Individualbereich, Gemeinschaftsräume, zentrale und hauswirtschaftliche Bereiche eingeteilt werden. Der Trend zu größeren Wohnungen setzt sich auch bei Seniorenimmobilien durch. In Fallstudien wurde ermittelt, dass eine Nachfrage nach mittelgroßen Wohnungen mit zwei Zimmern, separater Küche, Diele und Bad mit 55 m² besteht.[71] Dementsprechend sollten die Wohnungsgrößen ausfallen. Für 1-Personenhaushalte mind. 40 m², für 2-Personenhaushalte mind. 60 m² und mehr[72].

Der Anteil der 1-Raumwohnungen sollte 10 % nicht übersteigen, während 1,5- und 2-Raumwohnungen mit 80 bis 90 % eingeplant werden sollten. Darüber hinaus können auch Dreiraumwohnungen bis zu einem Anteil von 10 % berücksichtigt werden[73]. Bei der Wohnraumgestaltung sollten folgende Aspekte bedacht werden[74]:

- genügend Bewegungsflächen für Rollstühle
- genügend Fläche für eventuelle Pflegeleistungen
- Multifunktionalität
- abgetrennte Diele mit genügend Bewegungsfläche
- Abstellkammer einplanen
- wind- und wettergeschützte Terrasse bzw. Balkon
- eigene Klingel und eigener Briefkasten

---

[71] vgl. Saup, W. Ältere Menschen im Betreuten Wohnen – Ergebnisse der Augsburger Längsschnittstudie – Bd. 1, Augsburg
[72] vgl. Pamela Busz, S.123
[73] wie vor

- Schaffung von halb-öffentlichen Bereichen vor der Wohnungstür

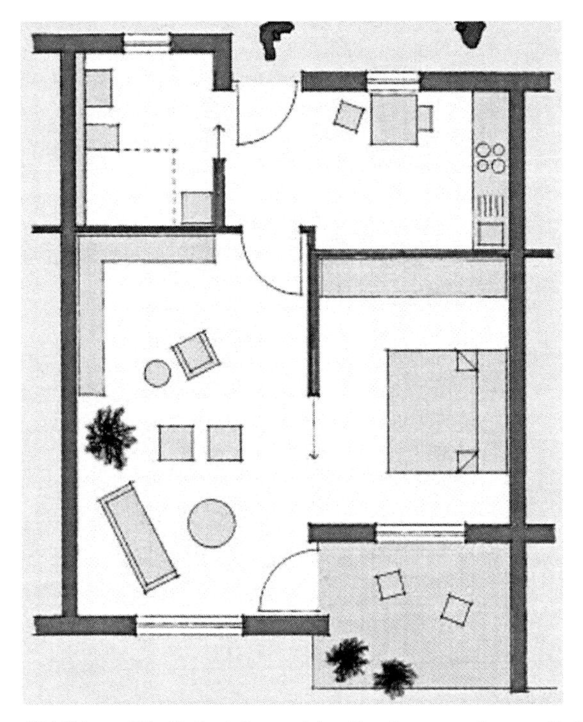

Abbildung 23: Beispielgrundriss Zweiraumwohnung Betreutes Wohnen, ca. 56 m²

Quelle: http://www.oberkirch.de/betreutes-wohnen/07/index7.html, Betreutes Wohnen in Oberkirch

3.2.3.2 Bauqualität und Ausstattung

Die Bauqualität sollte sich in jedem Fall auf die DIN 18025 Teil 2 für eine barrierefreie Planung, Ausführung und Einrichtung stützen, um Hindernisse und Gefahrenstellen zu vermeiden.[75] Ferner sollte die Einrichtung auch nach DIN 18025 Teil 1 für eine rollstuhlgerechte Planung, Ausführung und Einrichtung entworfen werden. Der Schwerpunkt sollte die stufenlose Erreichbarkeit aller Räume in jeder Ebene sein. Die entsprechenden Planungsmaße können der DIN 18025 entnommen werden.

Die Wohnung sollte sich nicht von den nicht altengerechten Wohnungen unterscheiden, was Komfort, Bequemlichkeit und Aussehen betrifft. So kann sich der Bewohner schnell einleben[76]. Die Wohnung sollte zudem flexibel an die Bedürf-

---

[74] wie vor

[75] Vgl. Stiftung Warentest, Wohnen, S. 9.

[76] Vgl. Kremer-Preiß, et al., Ratgeber, S. 86

nisse bzw. an die Einschränkungen des Bewohners angepasst werden können, wie z.B. die Nachrüstung von Haltegriffen im Bad.[77]

3.2.3.3 Gebäudeeffizienz

Das Gebäude ist in Bezug auf Bewirtschaftung, Kosten-Nutzen-Verhältnis und Fläche möglichst effizient zu planen. Da bei einer reinen Wohnimmobilie die Bewirtschaftung über das Wohnen hinaus eine untergeordnete Rolle spielt, steht die Flächeneffizienz im Vordergrund. Für Seniorenwohnimmobilien sind Richtwerte in Höhe von ca. 64-66 % direkt bewohnter Fläche (Wohnfläche) und 6-8 % konzeptbezogener Fläche im Verhältnis zur oberirdischen Bruttogrundfläche (BGF) ermittelt worden.[78]

3.2.3.4 Gebäudeflexibilität

Bei der Planung der Seniorenwohnimmobilie sollte die Wiederveräußerbarkeit bzw. Drittverwendungsfähigkeit nach zehn bis 20 Jahren in Betracht gezogen werden. Da die Seniorenwohnimmobilie durch das Wohnen geprägt ist, bieten sich als Drittverwendung z.B. ein Schwestern– oder Studentenwohnheim, sowie eine Hotelnutzung oder Boarding-House-Nutzung an. Die Grundrissgestaltung sollte auf neue Bedürfnisse anpassbar sein. Ein Mittel dazu ist beispielsweise eine Tragkonstruktion zu schaffen, die wenig tragende Wände und Stützen enthält. Darin bestimmen leichte Trennwände die Raumaufteilung mit der Option einer einfachen Veränderbarkeit.[79] Um auch die Haustechnik flexibel zu gestalten, müssen während der Planungsphase im erhöhten Maße z.B. nicht genutzte Schächte, Leerrohre oder Kabelleitungen vorgesehen werden. Diese Gebäudeflexibilität muss gegen die zusätzlichen Investitionskosten abgewägt werden.

3.2.4 Investitionsrechnung

Für die Investitionsrechnung wird zum einen die statische Anfangsrendite mit der Multiplikatormethode berechnet und zum anderen das Discounted-Cash-Flow-(DCF)-Verfahren herangezogen. Die Gewinnmethode hat als statische Eingangsgröße den Jahresrohertrag und den Verkaufsfaktor. Der Verkaufsfaktor kann mit den Faktoren von realisierten Verkäufen am Markt in Vergleich gesetzt werden. Mit dem DCF-Verfahren wird ein 10-jähriger Betrieb mit Verpachtung

---

[77] Vgl. Loeschke/Pourat, Wohnungsbau, S. 57 f.
[78] Vgl.-Pamla Busz, Seniorenimmobilien als Investitionsobjekte, Dissertation, S. 136
[79] wie vor

und anschließendem Verkauf simuliert. Als Grundlage für die daraus ermittelten Renditen dient die Kostenkalkulation des Neubaus.

3.2.4.1 Planungskonzept

Das Konzept Betreutes Wohnen für diesen Standort wird für eine Anzahl von 100 Wohneinheiten ausgelegt, um Unübersichtlichkeit und Anonymität zu vermeiden. Nachfolgende Faktoren sind die Grundlagen für das Planungskonzept und die anschließenden Investitionsrechnungen:

Flächeneffizienz:	65 % Wohnfläche / BGF oberirdisch
	7 % Gemeinschaftsfläche / BGF oberirdisch
Geschossigkeit:	III
Stellplatzquote:	1 Stellplatz pro 2 Wohnungen
Flächennutzung:	

Wohneinheiten	100 Stück		
1 Raum	10 Stück	á 40 m²	400 m²
1,5 - 2 Räume	80 Stück	á 55 m²	4.400 m²
3 Räume	10 Stück	á 70 m²	700 m²
		Wohnfläche	**5.500 m²**
Gemeinschaftsräume	5 Stück	á 100 m²	500 m²
Sozialstation	1 Stück	á 50 m²	50 m²
Büro/Verwaltung	1 Stück	á 50 m²	50 m²
		NGF Gemeinschaftsfläche	**600 m²**
		BGF	**8.462 m²**
		GRZ ist	**0,8**
		GFZ ist	**2,4**

Überbaute Fläche:	ca. 2.800 m²
Gebäudezugang:	Zentraler Zugang, Nebeneingang
Aufzüge:	2 Aufzüge, krankentransportgerecht
DIN 18025	Teil I und II umzusetzen
Raumausstattung	Einbauküche, Bad, Mobiliar vom Bewohner
Sonstiges	Zentraler Waschmaschinenraum, Balkon

3.2.4.2 Kostenkalkulation

Die Investitionsauszahlung für den Neubau ergibt sich aus einer überschlägigen Kostenkalkulation für den Neubau. Die Kalkulation umfasst die Kosten für Grundstück, Erschließung, Baukosten, Baunebenkosten und Projektentwicklung sowie Gewinn des Projektentwicklers.

Gründstückskosten					
Kaufpreis		4.700 m²	x	300 €/m²	1.410.000
Nebenkosten					
Maklercourtage		3,5%	von	1.410.000 €	49.350
Notar, Gericht, GrESt		5,0%	von	1.410.000 €	70.500
Vorhaltekosten-Zinsen	36 Monate	5,0%	von	1.529.850 €	229.478
Grundstückskosten					**1.759.328**
Erschließungskosten					
Öffentl. Erschließung		4.700 m²	x	0 €/m²	0
Sonstige Erschließung		3.600 m²	x	5 €/m²	18.000
Erschließungskosten					**18.000**
Baukosten (incl. AGK+WG)					
Betreutes Wohnen		8.462 m²	x	700 €/m² BGF	5.923.077
Stellplätze		50 St	x	2.000 €/St	100.000
Außenanlagen		1.279 m²	x	100 €/m²	127.949
Hausanschlüsse		1 Psch	x	250.000 €	250.000
Sonstiges		1 Psch	x	400.000 €	400.000
Baukosten (incl. AGK+WG)					**6.801.026**
Baunebenkosten					
Honorare u. Gebühren		12%	von	6.801.026 €	816.123
Bauzinsen (50 %)	24 Monate	5%	von	7.617.149 €	190.429
Baunebenkosten					**1.006.552**
Projektentwicklungskosten					
Eigenkosten Projektentwicklung		2%	von	9.584.905 €	191.698
Vermietungskosten	Leerstand 25 %	3 Monate	x	34.313 €	102.938
Maklercourtage	Monatsmieten 25%	3,6	x	8.578 €	30.881
Sonstige Kosten		1 Psch	x	100.000 €	100.000
Projektentwicklungskosten					**425.517**
Gewinn		10%	von	10.010.422 €	**1.001.042**
GESAMTKOSTEN (NETTO)					**10.510.943**

Tabelle 13: Kostenkalkulation Betreutes Wohnen

Quelle: übernommen von K. Schmidt: Skriptum Grundlagen der Projektentwicklung von gewerblich genutzten Grundstücken an der TAS e.V.

Grundstückskosten:

- Kaufpreis: 300 €/m² sind aus dem Bodenrichtwert abgeleitet (Kapitel 3.2.7)
- Maklercourtage: hier 3,5 % vom Grundstückskaufpreis angesetzt[80]
- Notar, Gericht, Grunderwerbssteuer: 5 %[81]
- Vorhaltekosten für Zinsen: Zinskosten für die Kapitalvorhaltung über die Dauer von 36 Monaten in Höhe von 5,0 %, fremdfinanziert. Die Zinsen sind abhängig von der Bonität des Projektentwicklers beim Bankinstitut

Erschließungskosten:

Das Grundstück ist erschlossen und beitragsfrei. Für sonstige Erschließungskosten werden pauschal 5 €/m² für die westliche Grundstücksfläche angenommen worden.

Baukosten:

Der größte Anteil der Investitionskosten sind die Baukosten. Sie werden über Flächenkennzahlen ermittelt.

- Betreutes Wohnen: 700 €/m² nach BKI[82]
- Stellplätze: 2.000 € je Stellplatz [83]
- Außenanlagen: Für die Erstellung der Außenanlagen werden hier ca. 100 €/m² über die Grundstückfläche abzüglich der Stellplätze und der überbauten Fläche angesetzt.
- Hausanschluss: Pauschale Summe für die Erstellung des Hausanschlusses durch die Stadt Essen
- Sonstiges: 100.000 € für z.B. Marketing

Baunebenkosten

Die Baunebenkosten enthalten Gebühren und Honorare für jegliche Planung, Baugrunduntersuchungen etc. sowie die Bauzinsen. Honorare u. Gebühren: Kosten für Planung, Berechnungen und Untersuchungen im Zusammenhang mit dem Bau. In Anlehnung an die Honorarordnung für Architekten und Ingenieure (HOAI) werden die Kosten prozentual von den eigentlichen Baukosten mit 12 % angesetzt.

---

[80] 3 % zzgl. gesetzl. MwSt.

[81] 3,5 % §11GrEStG und 1 bis 2 % Notar zzgl. Grundbuchgebühr

[82] Vgl. BaukostenInformationszentrum deutscher Architektenkammern GmbH: Baukosten für Gebäude, Stuttgart 2004, Kosten für Seniorenwohnheim

[83] 12 bis 15 m² Flächenbedarf je Parkplatz mit Ein- und Ausfahrten; 130 bis 160 €/m²

Bauzinsen: Zinskosten für die Vorhaltung des Kapitals während der Bauzeit. Hier werden 50 % von 5 % über 24 Monate von den Baukosten zzgl. Honoraren und Gebühren angesetzt.

Projektentwicklungskosten:

- Eigenkosten (Gehälter, Büromiete etc.) des Projektentwicklers in Höhe von 2 % von den bis zu diesem Punkt berechneten Kosten.
- Vermietungskosten: Mietausfall nach der Inbetriebnahme für 25 % der Wohnungen, die drei Monate nicht belegt werden können. Eine gute Marketingkampagne sorgt für einen hohen Bekanntheitsgrad.
- Maklercourtage: Courtage für die Vermittlung der nicht belegten Wohnungen nach 3 Monaten (25 %).
- Sonstige Kosten: Marketingkosten und Unvorhergesehenes

Gewinn:
Hier werden 10 % Gewinnmarge über die gesamt anfallenden Kosten für den Projektentwickler kalkuliert.

3.2.4.3 Statische Anfangsrendite oder Multiplikatormethode

Anhand der Ermittlung der statischen Anfangsrendite bzw. Multiplikatormethode wird der Multiplikator ermittelt, um diese mit am Markt gängigen Multiplikatoren zu vergleichen. Es wird ein sofortiger Verkauf nach Herstellung unterstellt und die Marktkonformität geprüft. Der Faktor ist der Vervielfacher des Jahresrohertrags aus der Miete.

Da die Eingangsgröße, die Mieteinnahme, mit Unsicherheiten behaftet ist, werden hier im Sinne einer Sensitivitätsanalyse drei Mietszenarien dargestellt:

1. Ungünstiger Fall: Ansatz der ortsüblichen Miete von 7,50 €/m², ohne dass Zuschläge für Gemeinschaftsflächen und zusätzlichen Aufwand auf die Miete umgelegt werden können.
2. Wahrscheinlicher Fall: Die Flächen der Gemeinschaftsflächen wird auf die Miete umgerechnet und Mehrkosten für den altengerechten Ausbau werden auf die Miete geschlagen (7,50 €/m² zzgl. 10 % = 8,25 €/m²).
3. Günstiger Fall: Die Miete reicht bis an die gesetzlich vertretbare Größe von 20 % über der ortsüblichen Miete heran (7,50 €/m² zzgl. 20 % = 9,00 €/m²).

Mietszenario		Ungünstig	Wahrscheinlich	Günstig
Nettokaltmiete (NKM)		7,50 €/m²	8,25 €/m²	9,00 €/m²
Jahres-NKM		549.000 €	603.900 €	658.800 €
Gesamtkosten	**Rendite**	**5,2%**	**5,7%**	**6,3%**
10.510.943 €	**Faktor**	**19,1**	**17,4**	**16,0**

Tabelle 14: Renditeberechnung Betreutes Wohnen (Multiplikatormethode)

Quelle: Eigene Darstellung

In der Tabelle sind die statischen Anfangsrenditen für den Break-Even-Point bzw. als interner Zinssatz dargestellt. Die Anfangsrenditen liegen zwischen 5,2 und 6,3 % und sind damit 0,5 bis 1,0 % über den Renditeerwartungen für Mietwohnungs-Geschossbauten.[84]

Als Instrument zur Entscheidungsfindung sollte aber aufgrund der nachfolgend benannten Schwächen von der Multiplikatormethode abgesehen werden. Es wird lediglich der Rohertrag zum Kaufpreis bzw. hier zur Kostenkalkulation ins Verhältnis gesetzt, ohne dass beispielsweise Bewirtschaftungskosten, Grunderwerbsnebenkosten, oder eventuelle Revitalisierungskosten betrachtet werden. Zudem ist es ein statisches Verfahren und läßt keine Prognosen über Inflations- oder Mietanpassungen zu.

3.2.4.4 Discounted-Cashflow-Verfahren (DCF)

Es wird der im Immobilienbereich üblich Fall betrachtet, dass der Investor die Immobilie selber 10 Jahre betreibt und danach verkauft. Das DCF bietet sich hier als dynamische Investitionsrechung an, da hierbei die laufenden Einnahmen und Ausgaben flexibel in die Berechnung einfließen. Die Berechnung wird mit zwei wahrscheinlichen Zinssätzen durchgeführt. Die Investitionsauszahlungen werden mit den abgezinsten erwirtschafteten Einnahmen aus Betrieb und dem Verkaufserlös addiert. Es ergeben sich ein negativer und ein positiver Nettobarwert (Net Present Value, NPV). Der interne Zinsfuß (Internal Rate of Return, IRR) wird dann in regular falsi ermittelt. Folgende Eingangsgrößen werden fixiert:

- Mietanpassung von 0,25 % pro Jahr (stellvertretend für eine stufenweise Erhöhung alle vier Jahre um 1,0 %)

[84] Gutachterausschuss Stadt Essen, Telefonat 27.07.2005

- Inflationsanspassung von 1,0 % pro Jahr
- Bewirtschaftungskosten von 18 % (15 % für Wohnungsbau zzgl. erhöhte Instandhaltung für Gemeinschaftsräume, Fahrstuhl)
- Auslastung: 1. Jahr: 70 %
  2. Jahr: 90 %
  3. bis 10. Jahr: 95 %
- Verkaufserlös nach 10 Jahren = Jahresrohertrag des 10. Jahres x Verkaufsfaktor aus der Multiplikatormethode

Mietszenario	**Ungünstig**	**Wahrscheinlich**	**Günstig**
NKM	7,50 €/m²	8,25 €/m²	9,00 €/m²
IRR	**3,65%**	**4,81%**	**5,90%**
Abzinsungsfaktor 1	3,0%	4,0%	5,0%
NPV 1	566.635	708.700	775.019
Abzinsungsfaktor 2	4,0%	5,0%	6,0%
NPV 2	-311.268	-165.478	-89.305

Tabelle 15: Renditeberechnung Betreutes Wohnen (DCF-Methode)

Quelle: eigene Darstellung

Das DCF-Verfahren ergibt für den ungünstigen und wahrscheinlichen Fall Renditen, die unter 5 % liegen. Diese Renditen bewegen sich im Liegenschaftszins für Mietwohnungsbauten (4,0 – 5,0 %).[85] Lediglich der günstige Fall bewegt sich oberhalb dieser Renditen.

[85] Gutachterausschuss Essen, Telefonat, 25.07.2005

3.2.5 Resümee

Zu den Renditen werden die Möglichkeiten des mittleren Einkommens mit den vorausgesetzten Mieten verglichen werden. Tabelle 16 zeigt das restliche Einkommen der Einkommensgruppen 1.250 €, 1.625 € und 2.000 € nach Abzug der Kosten für eine 50 m²-Wohnung, Betriebskosten, einer angenommenen Grundpauschale von 100 € und Nahrungsmittel von 200 €[86]. Von dem Resteinkommen müssen noch Fixkosten des täglichen Lebens beglichen werden. Darunter fallen z.B. GEZ-Gebühren, Versicherungen, Bankgebühren, Ausgaben für Kleidung, Gesundheit und Pflege. Mit einem Einkommen von 1.250 € je Monat verbleiben bei allen Varianten weniger als 500 € zur Deckung dieser Kosten. Ab 1.625 € monatliches Einkommen dagegen erscheint auch eine Miete von 9,00 €/m² finanzierbar zu sein.

Mietszenario	**Ungünstig**	**Wahrscheinlich**	**Günstig**
NKM	7,50 €/m²	8,25 €/m²	9,00 €/m²
NKM für 50 m² je Monat	375 €	413 €	450 €
Betriebskosten (2 €/m² und Monat)	100 €	100 €	100 €
Grundpauschale	100 €	100 €	100 €
Nahrungsmittel	200 €	200 €	200 €
Gesamtkosten	775 €	813 €	850 €

Restliches Einkommen bei

1.250 €	475 €	438 €	400 €
1.625 €	850 €	813 €	775 €
2.000 €	1.225 €	1.188 €	1.150 €

Tabelle 16: Frei verfügbares Einkommen Betreutes Wohnen

Quelle: eigene Darstellung

Aus Investorensicht ist die Variante „GÜNSTIG“ attraktiv, da hier eine Rendite über dem Mietgeschosswohnungsbau zu erreichen ist. Jedoch erscheint diese Miete nur noch für den Teil der „mittleren Einkommensgruppe“ finanzierbar, die zwischen 1.625 und 2000 € Nettoeinkommen hat. Das sich dadurch verringernde Marktpotenzial ist zu berücksichtigen.

[86] vgl. MGSFF NRW: Seniorenwirtschaft in NRW, Bericht über die Landesinitiative NRW, o.J. (2000), S. 54

3.3 Stationäres Pflegeheim

3.3.1 Konkurrenzobjekte

3.3.1.1 Vorhandene Objekte

Im Anhang Anlage Nr. 1 sind alle Pflegeheime Essens aufgeführt.

3.3.1.2 Geplante Objekte

Das Stadtplanungsamt kann derzeit keine aktuellen Planungen von Pflegeheimen nennen. Jedoch sollen private Investoren einige Grundstücksaufkäufe getätigt haben und verschiedene Bauvoranfragen eingereicht haben. Jedoch sollen diese z.T. wieder zurückgezogen worden sein. Ob dabei ein Pflegeheim geplant wurde, konnte nicht beantwortet werden. Ferner sollen Kirchen und Gemeinden in den letzten Jahren in der Entwicklung Ihrer Grundstücke aktiv sein, was sich durch Bauvoranfragen, Nutzungsänderungen etc. gezeigt haben soll. Die derzeitige Planung eines Pflegeheims ist dabei nicht auszuschließen.[87]

3.3.2 Betriebskonzept

Das Pflegeheim ist im Gegensatz zum zuvor geschilderten Betreuten Wohnen als Betrieb zu betrachten. Der Betreiber eines Pflegeheims liefert dem Pflegebedürftigen eine Vollversorgung was Unterkunft, Verpflegung, Betreuung und Pflege betrifft. Die Organisation eines Pflegebetriebs kann in die Bereiche Pflege und Betreuung, Verwaltung/Leitung, Küche, Wäscherei, Gebäudereinigung und Haustechnik unterteilt werden. Der Betreiber muss für Pflege und Betreuung qualifiziertes Personal einstellen. Dagegen liegt es in seinem Ermessen die anderen Bereiche durch eigenes Personal zu erbringen oder externe Dienstleister zu vergeben (Outsourcing). Der Vorteil des Outsourcing ist die Senkung des Fixkostenanteils wegen des kleineren Personalstamms. Jedoch kann sich der indirekte Zugriff auf den externen Dienstleister als nachteilig herausstellen, wenn Qualitäts- oder Lieferprobleme nicht schnell behoben werden können.

---

[87] Gespräch mit dem Stadtplanungsamt Essen, Deutschland-Haus in Essen, Sprechstunde Donnerstag 28.07.2005 von 15.15 bis 15.30 Uhr, Zimmer 201

3.3.3 Vertragsgestaltung Betreiber und Investor

Das Vertragsverhältnis zwischen Betreiber und Investor wird in der Regel als Pacht- oder Managementvertrag gestaltet. In Deutschland überwiegt der Pachtvertrag.[88] Es gilt grundsätzlich Vertragsfreiheit zwischen den Parteien.

Im Rahmen eines Pachtvertrags wird dem Pächter der Gebrauch und die Gewinnung der Früchte aus dem Objekt gewährt (§§ 581 bis 597 BGB). Dafür erhält der Investor eine Rendite. Diese Pacht kann vom Betriebsergebnis, vom Umsatz oder fix vereinbart werden. Der Vertrag kann derart vereinbart werden, dass der Betreiber alle Pflichten übernimmt, so dass der Investor passiv bleibt. Bei den Instandhaltungskosten sollte jedoch abgewägt werden, da in der Vergangenheit Betreiber von Hotel- und Seniorenimmobilien vor Vertragende Instandhaltungsausgaben zur Gewinnmaximierung eingespart und so einen Instandhaltungsstau erzeugt haben.[89]

Beim Managementvertrag übernimmt der Betreiber das operative Geschäft im Sinne des Investors und erhält dafür eine Gebühr. Im Gegensatz zum Pachtvertrag bleibt hier das Risiko unmittelbar beim Investor.

3.3.4 Betreiberanalyse

Der Investor hat Interesse an einer nachhaltig gesicherten Rendite. Ausschlaggebend dafür ist die Auswahl eines geeigneten Betreibers. Er ist für den Erfolg der Immobilie verantwortlich. Jedoch erfordert dieser Betrieb Kompetenz und Know-How, da Seniorenimmobilien auch unrentabel geführt werden können.[90] Um vor Vertragsschluss den geeigneten Betreiber finden zu können, sind nachfolgend Qualitätsmerkmale aufgeführt, die der Betreiber nachweisen und der Investor überprüfen sollte :[91]

- Fachliche Kompetenz
- Ausreichende Kapitalausstattung
- Einhaltung der gesetzliche Forderungen der Pflegequalität
- Internes Qualitätssicherungssystem
- Kostentransparenz (Betrieb und Immobilie sind voneinander getrennt)

---

[88] vgl. Pamela Busz, S. 143
[89] wie vor, S. 144
[90] wie vor
[91] Gabriele Bobka: Seniorenimmobilien – Neue Gesetze fordern neue Bewertungsschwerpunkte, Auszug aus der GUG 01/2003

- Betreiber übernimmt keine Bau- und Projektentwicklungsrisiken
- Refinanzierung der Miete über investiven Anteil[92] des Pflegesatzes
- Der investive Anteil ist kleiner 30 % des Gesamtumsatzes
- Referenzobjekte

3.3.5 Gebäude

Im Folgenden werden allgemeine Aspekte zur wirtschaftlichen Planung des Gebäudes und der Räumlichkeiten gegeben.

3.3.5.1 Raumprogramm

Das Raumprogramm in Verbindung mit der Grundrissgestaltung hat erheblichen Einfluss auf den effizienten Betrieb eines Pflegeheims. Die Wirtschaftlichkeit der Ablauforganisation wird u.a. durch Größe, Lage und Anordnung der Wohnbereiche bestimmt, weil sie die Wegezeiten für das Personal bestimmen.[93] Nachfolgend sind notwendige Anforderungen an eine wirtschaftliche Planung aufgeführt:[94]

- Unterteilung aller Pflegeplätze in Wohnbereiche, die voneinander abgegrenzt sind
- Wohnbereiche sollte maximal 30 bis 40 Bewohner umfassen
- Wohnbereiche sollte wiederum in zwei bis drei Wohngruppen unterteilt sein
- Anordnung von Gemeinschaftsflächen in Wohnbereichen
- Weit entfernte und große Gemeinschaftsflächen neigen zu Leerständen
- Dienstzimmer liegen im Zentrum eines Wohnbereichs
- Kombinierte gemeinschaftliche Wohn-/Essräume sind zentral anordnen[95]
- Flur- und Verkehrsflächen als Aufenthaltsmöglichkeiten nutzen
- Im Zentralbereich sind multifunktionale Räume einplanen
- Maximal 30 % Doppelbettzimmer[96]
- Keine Drei- oder Vierbettzimmer

[92] Die Pflegesätze setzen sich aus dem Satz für Pflege, Unterkunft und Verpflegung sowie Investition zusammen. Der Satz für die Investition ist die Vergütung für Anschaffung, Abschreibung von Gebäuden, Grundstücken etc., vgl. § 82 Abs. 2 SGB XI

[93] vgl. Pamela Busz, S.127 2. Absatz

[94] vgl. KDA, Planung, S.54

[95] Gemeinschaftlicher Wohn-/Essraum für die Bewohner, die in Begleitung noch transport-/gehtüchtig sind. Bettlägerige Personen verbleiben in ihren Zimmern während der Mahlzeiten

[96] vgl. Pamela Busz, S. 150; nennt 10 – 30 % Doppelbettanteil, während die HypZert GmbH maximal 50 % nennt. Je höher der Einzelzimmeranteil ist, desto höher werden natürlich die Investkosten.

Die Zimmergrößen definieren sich nach der Heimmindestbauverordnung, da Pflegeheime Einrichtungen sind, die unter das Heimgesetz fallen. Darin werden für die Zimmergrößen Mindeststandards definiert: 1-Bettzimmer mind. 12m², 2-Bettzimmer mind. 18 m², 3-Bettzimmer mind. 24 m² und 4-Bettzimmer mind. 30 m². Mehr als vier Betten je Zimmer sind gesetzlich nicht erlaubt.[97] Daneben werden noch weitere Forderungen formuliert, die zum größten Teil Bauqualität und Ausstattung betreffen.

3.3.5.2 Bauqualität und Ausstattung

Das HeimG definiert in §1 die Heimmindestbauverordnung als Mindeststandard für die Bauqualität und Ausstattung. Dem zufolge findet neben der DIN 18025 Teil II auch der Teil I Anwendung. Das rollstuhlgerechte Planen, Ausführen und Einrichten ist dadurch Pflicht und hat zur Konsequenz, das z.B. Türen mind. 90 cm breit sein müssen, Kücheninterieur unterfahrbar sein muss und das vor jedem WC oder Waschtisch anstatt der 120 x 120 cm nun 150 x 150 cm Raum sein muss.

Die harten Fakten durch die Gesetzgebung garantieren zwar Funktionalität, ein wohnlicher Charakter ist dadurch jedoch nicht gewährleistet. Farben, Materialien und Möbel sind in Verbindung mit der Architektur ausschlaggebend für den visuellen Gesamteindruck. Dieser Eindruck sollte eine Gefühl von Geborgenheit und Identität stiften, um den Heimcharakter zu verdrängen.[98] Dieses Wohlgefühl sollte sich nicht nur auf den Bewohner, sondern auch auf Besucher und zukünftige potenzielle Kunden übertragen.

3.3.5.3 Gebäudeeffizienz

Die effiziente Gestaltung der Flächen hat beim Pflegeheim mehrere Ziele. Zum einen wird eine hohe Ausnutzung des Grundstücks sowie der direkt vermietbaren Flächen im Verhältnis zu der Gesamtfläche angestrebt, um die Investitionskosten zu optimieren. Zum anderen kann die Flächengestaltung einen hohen Einfluss auf die Kostenstruktur des Betriebes haben (Wegezeiten). Die Qualität der Planung hat somit einen indirekten Einfluss auf die Wirtschaftlichkeit des Betriebes. Da die Einflussnahme mit zunehmender Planungstiefe schwindet, ist es sinnvoll, im Entwurfstadium auf die Unterstützung durch einen Spezialisten

[97] vgl. HeimMindBauV i.d.F. v. 03.05.1983. Die HeimMindBauV wird novelliert. Der Diskussionsentwurf vom 06.08.2002 sieht Einzelzimmer über 16 m² haben.

[98] Heeg: Wohnkonzepte für Menschen im Heim, S.239

zurückzugreifen. Jedoch sollte es eine vom Betreibermarkt unabhängige Person sein, um die Ausrichtung des Konzepts auf einen bestimmten Betreiber zu verhindern.

Für die Flächeneffizienz sind in der Literatur verschiedene Werte anzutreffen. Pamela Busz[99] gibt das Verhältnis direkt bewohnter Fläche zu oberirdischer BGF mit 36 – 38 % an. Die konzeptbezogene Funktions- und Servicefläche beträgt nach ihr 24 – 26 %. In einer Untersuchung der HypZert GmbH werden 60 bis 70 % Wohnflächenanteil an der Gesamtnutzfläche als maximal eingeschätzt.

3.3.5.4 Gebäudeflexibilität

Hier gilt es, in Einklang mit den Kosten einen möglichst flexiblen Grundriss zu schaffen. Insbesondere die Tragwerk sollte leichte Grundrissänderungen ermöglichen. Auch wenn ein Pflegeheim eine Spezialimmobilie ist, die nahezu keine Drittverwendung nur erlaubt, so sollte der Wechsel auf das Betriebskonzept eines anderen Betreibers schnell und einfach möglich sein.

3.3.6 Investitionsrechnung

Die Investitionsrechnung wird mit den Methoden aus Kapitel 3.2 durchgeführt. Die Realitätstreue einer Investitionsrechnung eines Pflegeheims beruht auf der korrekten Abschätzung der Eingangsdaten. Für die korrekte Kostenkalkulation eines Neubaus sind neben den richtigen Kostenkennzahlen für die Herstellung des Bauwerks (je Pflegeplatz, m² NGF, etc.) auch Flächenkenngrößen für das Verhältnis NGF / Pflegeplatz, BGF / Pflegeplatz oder z.B. HNF / BGF abzuschätzen. Die gewählten Kennzahlen müssen sich aus dem geplanten Konzept ergeben. Der Erfolg eines Pflegeheims wird von den laufenden Einnahmen und Ausgaben bestimmt. Die Einnahmen ergeben sich aus Pflegemix, Auslastung und Pflegesatz. Für die Abschätzung der Ausgaben sollten grundlegende Kenntnisse über Personal- und Sachkosten vorhanden sein. Nachfolgend werden wichtige Einflussgrößen und Richtwerte genannt:

- die unterste Grenze für einen kostendeckenden Betrieb bewegt sich zwischen 70 und 80 % durchschnittlicher Belegung[100]
- als Zeitdauer von der Eröffnung bis zur möglichen Vollbelegung sollten 3 Jahre einkalkuliert werden[101]

---

[99] vgl. Pamela Busz, S. 136

[100] vgl. HypZert, S. 53; vgl. Besuch Hr. Meserth, Direktor, Seniorenresidenz Mundus, ab 80 % wirtschaftlich

- 80 bis 180 Pflegeplätze gelten als wirtschaftlich betreibbar
- als Pflegemix der Pflegestufen wird hier die letzte Essener Pflegestatistik herangezogen
- die Personalkosten machen 60 bis 80 % der Betriebskosten aus (98 % davon fix)
- die Sach- und Gebäudekosten betragen 20 bis 40 % der Betriebskosten (60 bis 80 % davon fix)
- durch das Heimgesetz gilt die HeimPersonalverodnung (HeimPersV), die als wesentliche Forderung 50 % examiniertes Pflegepersonal vorschreibt
- der Pachtzins eines Investors kann zwischen 15 und 25 % betragen[102]
- von Pflegeimmobilien werden 6 bis 8% Rendite erwartet[103]
- Personalkennziffern[104]: Ermittelte Personalkennziffern für das Pflegepersonal im Verhältnis zu Pflegebedürftigen

  Pflegestufe 0: 1:20
  Pflegestufe 1: 1:8,30 bis 13,40
  Pflegestufe 2: 1:3,65 bis 6,00
  Pflegestufe 3: 1:2,43 bis 4,00

Die genannten Personalkennziffern können als Anhaltspunkt dienen, jedoch gibt es in der Realität beträchtliche Unterschiede zwischen Pflegeheimen. In einer Projektstudie hat das Kuratorium Deutscher Altershilfe (KDA) die kanadische Zeiterfassungsmethode PLAISIR in verschiedenen Heimen angewendet. Das Ergebnis war, dass für gleiche Pflegestufen sehr große Pflegedauerunterschiede je Tag ermittelt wurden, bzw. dass Bewohner mit vergleichbarem Pflegeeinsatz in verschiedenen Pflegestufen eingestuft waren.

---

[101] wie vor

[102] Vogels „Grundstücks- und Gebäudebewertung" 16 bis 18 %, Weyers „Verkehrswertermittlung von Grundstücken 15 bis 20 %, Erfahrungssätze HypZert 18 bis 20 % bei Altbau und 20 bis 25 % bei Kettenverbund und Neubauten

[103] vgl. Gabriele Bobka: GuG 01/2003

[104] vgl. BMFSFJ, Schriftenreihe Band 225, Qualitative und quantitative Erfassung des erforderlichen Pflegezeit- und Personalbedarfs in deutschen Altenpflegeheimen, Erprobung des Verfahrens PLAISIR in elf Einrichtungen, Abschlussbericht der KDA Beratungs- und Forschungsgesellschaft für Altenhilfe mbH; 2002; Tabelle Nr. 4; durchschnitt der Bundesländer

Exkurs: Grenzkosten

Jeder Betreiber ermittelt in seiner differenzierten Betriebsrechnung Grenzkosten je Bett, die von verschiedenen Faktoren eines Pflegeheimes abhängen. Für den Projektentwickler ist es sinnvoll, eine solche Betrachtung für sein Projekt durchzuführen. Auch wenn die Eingangsdaten mit Fehlern behaftet sein mögen, sensibilisiert eine vereinfachte Rechnung für die richtige Einschätzung der eigenen Ansätze. Pauschale Ansätze wie Pacht, Betreibergewinn und Auslastung können unter dem Aspekt der Renditeattraktivität für den Betreibermarkt erneut plausibilisiert und diskutiert werden. Nachfolgende Eingangsdaten sind Grundlage für das entwickelte Excel-Tool:

- Anzahl der Plätze; hier 100
- durchschnittliche Auslastung; hier 98 %
- Pflegestufenmix; hier aus Essener Pflegestatistik
- Pflegesätze; hier AWO Kurt-Schumacher-Haus
- Personalschlüssel der Pflegestufen; hier gewählter Schlüssel aus Erhebung[105]
- Personal für Verwaltung, Betreuung, Hauswirtschaft in Vollstellen; hier gewählt nach angetroffenen Personalbeständen
- durchschnittliche Personalkosten je Vollstelle; hier 30.000 € gewählt
- Anteil der Personalkosten von den Gesamtkosten; hier 70 % gewählt[106]
- Pachtkosten, hier 18 %
- Instandhaltungs-/Instandsetzungskosten, hier 12,- €

Die Pflegepersonalzahl wird mittels Pflegestufenmix, Personalkennzahlen und der Gesamtkapazität ermittelt. Für Betreuung, Verwaltung, Haustechnik und Hauswirtschaft müssen die Zahlen direkt eingegeben werden. Die Summe des Personals soll die Gesamtpersonalzahl in Vollstellen darstellen. Die Personalkosten ergeben sich durch Vervielfachung mit einem durchschnittlichen Kostensatz je Vollstelle. Frei finanzierte Einrichtungen können niedriger geschätzt werden, da Sie sich nicht an dem Bundesangestelltentarif (BAT) orientieren müssen.

---

[106] vgl. Pamela Busz, S. 154

Anzahl der Plätze	100		
durchschn. Auslastung	98,0%		
Ausgaben			
Pflegestufe	Schlüssel	zu betr. Plätze	Personal
0	5/100	5	0,25
1	10/100	20	2,00
2	30/100	42	12,60
3	50/100	32	16,00
Gesamtpersonal Pflege			30,85
Betreuung			3,00
Verwaltung			2,00
Haustechnik			2,00
Hauswirtschaft			10,00
Gesamt			**47,85**
Durchschnittliche Personalkosten je Vollstelle	30.000 €		
Personalkosten pro Bett und Tag	39,33 €		
Anteil der Personalkosten an Gesamtkosten	70%		
Fixe Gesamtkosten pro Bett und Tag	**56,18 €**		

Tabelle 17: Fixkostenberechnung stationäre Pflege

Quelle: eigene Darstellung

Anhand der Abschätzung wie groß der Anteil der Personalkosten an den Gesamtkosten ist, können die Gesamtkosten je Bett berechnet werden. Diese Gesamtkosten werden den Einnahmen abzüglich Pacht gegenübergestellt.

Einnahmen				pro Bett	Gesamt
Pflegestufe	Belegung	Auslastung	Tagessatz	täglich	jährlich
0	5,0%	98%	68,22 €	3,34 €	119.571,24 €
1	20,0%	98%	83,58 €	16,38 €	585.972,69 €
2	42,0%	98%	102,12 €	42,03 €	1.503.505,82 €
3	32,0%	98%	121,36 €	38,06 €	1.361.352,40 €
H/S	1,0%	98%	121,36 €	1,19 €	42.542,26 €
Gesamteinnahmen				**101,00 €**	**3.612.944,41 €**
Fixe Gesamtkosten pro Bett und Tag				56,18 €	2.219.266,14 €
Instandhaltung/Instandsetzung				12,00 €	474.000,00 €
Vereinbarte Pacht mit dem Investor/Eigentümer 18%				17,82 €	650.329,99 €
Überschuss/Verlust				**15,00 €**	**269.348,28 €**
Umsatzrendite für den Betreiber					**7,5%**

Tabelle 18: Gewinn-/Verlustberechnung der stationären Pflege

Quelle: eigene Darstellung

3.3.6.1 Planungskonzept

Als Richtmaß werden 50 m² Nettogrundfläche (NGF) je Bewohner von verschiedenen Bundesländern als förderungswürdig eingestuft. Das Kuratorium für deutsche Altenpflege hält eine Unterschreitung dieser 50 m² NGF als sehr bedenklich[107] Für den Grobentwurf des Pflegeheims werden daher 50 m² NGF je Bewohner angesetzt.

Zimmerstruktur	90 Einzelbettzimmer, 5 Zweibettzimmer
Flächeneffizienz:	50 m²NGF/Bett
	37 %. Konzeptbezogene Funktionsfläche / BGF oberirdisch
	25 % Servicefläche / BGF oberirdisch
	NGF/BGF = 85 %
Fläche	5.000 m² NGF
	5.882 m² BGF
	1.961 m² überbaute Fläche
	2.140 m² Aussenanlagen
GFZ IST	1,3
GRZ IST	0,4
Geschossigkeit:	III
Stellplatzquote:	1 Stellplatz pro 2 Wohnungen (ca. 600 m² Fläche)
Gebäudezugang:	Zentraler Zugang, Nebeneingang
Aufzüge:	2-3 Aufzüge, krankentransportgerecht
DIN 18025	Teil I und II ist umzusetzen
Raumausstattung	Pflegebedürftiger kann eigenen Nachttischschrank mitbringen
Sonstiges	Pflege, Betreuung, Verwaltung, Speiseversorgung und Wäscherei durch eigenes Personal, Gebäudereinigung durch externen Dienstleister oder eigenes Personal

[107] vgl. Pamela Busz, S. 137

3.3.6.2 Kostenkalkulation Pflegeheim

Die Kostenkalkulation verläuft ebenso wie in Kapitel 3.2.4.2. Hier nicht erläuterte Ansätze sind übernommen worden und finden ihre Begründung dort.

Gründstückskosten					
Kaufpreis		3.600 m^2	x	350 €/m^2	1.260.000
Nebenkosten					
Maklercourtage		3,5%	von	1.260.000 €	44.100
Notar, Gericht, GrESt		5,0%	von	1.260.000 €	63.000
Vorhaltekosten-Zinsen	36 Monate	5,0%	von	1.367.100 €	205.065
Grundstückskosten					**1.572.165**
Erschließungskosten					
Öffentl. Erschließung		3.600 m^2	x	25 €/m^2	90.000
Sonstige Erschließung		3.600 m^2	x	5 €/m^2	18.000
Erschließungskosten					**108.000**
Baukosten (incl. AGK+WG)					
Pflegeplätze		100 St	x	70.000 €/St	7.000.000
Stellplätze		50 St	x	2.000 €/St	100.000
Außenanlagen		1.517 m^2	x	100 €/m^2	151.667
Hausanschlüsse		1 Psch	x	250.000 €	250.000
Sonstiges		1 Psch	x	100.000 €	100.000
Baukosten (incl. AGK+WG)					**7.601.667**
Baunebenkosten					
Honorare u. Gebühren		12%	von	7.601.667 €	912.200
Bauzinsen (50 %)	24 Monate	5%	von	8.513.867 €	212.847
Baunebenkosten					**1.125.047**
Projektentwicklungskosten					
Eigenkosten Projektentwicklung		2%	von	10.406.878 €	208.138
Vermietungskosten	Leerstand 25%	3 Monate	x	38.840 €	116.521
Maklercourtage	Monatsmieten 25%	3,6	x	9.710 €	34.956
Sonstige Kosten		1 Psch	x	100.000 €	100.000
Projektentwicklungskosten					**459.615**
Gewinn		10%	von	10.866.494 €	**1.086.649**
GESAMTKOSTEN (NETTO)					**11.953.143**

Tabelle 19: Kostenkalkulation Pflegeheim

Quelle: übernommen von K. Schmidt: Skriptum Grundlagen der Projektentwicklung von gewerblich genutzten Grundstücken

Baukosten:
Zur Ermittlung der Baukosten stehen nachfolgende Ansätze zur Verfügung:

NHK 2000[108]:	1.015 €/m² BGF (einfacher Standard) bis 1.480 €/m² BGF(stark gehobener Standard), 2-4-geschossig u. Unterkellerung, Flachdach
Weyers[109]:	66.700 bis 111.300 € je Heimplatz (Bau- und Bodenkosten) 88.700 bis 133.000 € je Heimplatz (hoher Anteil Einbettzimmer, Bau- und Bodenkosten)
BKI 2002[110]:	603 bis 780 €/m² BGF (mittlerer Standard) 759 bis 1034 €/m² BGF (hoher Standard)
Busz[111]:	48.600 bis 92.000 € je Pflegeplatz incl. Inneneinrichtung und Ausstattung, exklusive Grundstück

Die auf die BGF abgeleiteten Kostenkennzahlen der NHK 2000 und der BKI 2002 liegen weit auseinander. Deshalb werden hier pauschal 65.000 € je Pflegeplatz angesetzt. Die Kennwerte von Weyers werden nicht herangezogen, da dort die Grundstückskosten mit enthalten sind.

3.3.6.3 Statische Anfangsrendite oder Multiplikatormethode

Wie in Kapitel 3.3.4.3 wird hier die Multiplikatormethode mit den Pachteinnahmen angewendet. Als Pflegestufenmix wird die letzte Pflegestatistik der Stadt Essen herangezogen. Die Härtefallstufe (1% Anteil) wird vernachlässigt und der Pflegestufe III zugeschlagen. Der Pachtzins wird auf 20 % festgelegt, weil es sich um einen Neubau handelt. Es werden drei Szenarien, ungünstig, wahrscheinlich und günstig für verschiedene Pflegestufensätze betrachtet:

1. Ungünstigster Fall: Orientierung an den niedrigsten Pflegesätze der AWO in Essen
2. Wahrscheinlicher Fall: Orientierung an den höchsten Pflegesätzen der AWO in Essen und den Seniorenresidenzen
3. Günstiger Fall: Orientierung nur an den Seniorenresidenzen

---

[108] ohne Mehrwertsteuer
[109] in GUG 1/97, Stand 1996, 15 % Mehrwertsteuer herausgerechnet und gerundet
[110] Baukosteninformationszentrum Deutscher Architektenkammern „Baukosten 2002", 16 % Mehrwertsteuer herausgerechnet und gerundet
[111] vgl. Pamela Busz, S.191; in der Dissertation sind verschiedene Quellen untersucht worden, aus denen dieses Bandbreite als Ergebnis hervorkam

Pflegeszenario	Pflegemix	Ungünstig	Wahrscheinlich	Günstig
0	5,0%	60	75	80
I	20,0%	75	90	96
II	42,0%	95	110	113
III	32,0%	112	126	130

Pflegesatzszenario	Pflegemix	Ungünstig	Wahrscheinlich	Günstig
0	5,0%	300	375	400
I	20,0%	1500	1800	1920
II	42,0%	3990	4620	4746
III	33,0%	3696	4158	4290
Tagesumsatz		9.486,00 €	10.953,00 €	11.356,00 €
Jahresumsatz		3.462.390 €	3.997.845 €	4.144.940 €
Pacht	**20,0%**	**692.478 €**	**799.569 €**	**828.988 €**
Gesamtkosten	**Rendite**	**5,9%**	**6,8%**	**7,1%**
11.726.483 €	Faktor	16,9	14,7	14,1

Tabelle 20: Renditeberechnung stationäres Pflegeheim (Multiplikatormethode)
Quelle: eigene Darstellung

Die berechneten Renditen liegen zwischen 5,9 und 7,1%, was die Rendite-erwartung einer Seniorenpflegeimmobilie am Markt trifft.[112]

3.3.6.4 Discounted-Cashflow-Verfahren (DCF)

Die Kostenkalkulation verläuft ebenso wie in Kapitel 3.2.4.4. Hier nicht erläuterte Ansätze sind übernommen worden und finden ihre Begründung dort. Folgende Eingangswerte werden angesetzt:

- Auslastungsgrad: 1. Jahr = 70 %, 2. Jahr = 90 %, 3.-10. Jahr = 95 %
- Inflationsanpassung = 1,0 %
- Pachtanpassung an Pflegesatzsteigerung = 1,0 % (dieser Ansatz ist nicht so kritisch einzustufen wie eine Mietsteigerung, da die vereinbarten Pflegesätze jedes Jahr neu verhandelt werden können. Durch die Pflegekasse anerkannte Kostensteigerungen können in neue Pflegesätze einfließen.)
- Gesamtkosten im Verhältnis zum Umsatz vor Abzug der Pacht und des Betreibergewinns = 70 %. Dieser niedrige Kostenansatz ist hier gerechtfertigt,

[112] vgl. HypZert GmbH, 6-8%

da nach Erfahrung der HypZert GmbH privat betriebene Einrichtungen einen Kostenvorteil von 20 bis 30 % aufweisen können.[113]

- Pflegestufen und -mix wie zuvor

Pflegesatzszenario	Ungünstig	Wahrscheinlich	Günstig
Pflegeeinnahme jährlich	3.462.390 €	3.997.845 €	4.144.940 €
IRR	**8,65%**	**9,50%**	**9,73%**
Abzinsungsfaktor 1	8,0%	9,0%	9,0%
NPV 1	555.226	407.718	600.501
Abzinsungsfaktor 2	9,0%	10,0%	10,0%
NPV 2	-294.053	-402.195	-219.158

Tabelle 21: Renditeberechnung stationäres Pflegeheim (DCF-Verfahren)

Quelle: eigene Darstellung

Die hier berechneten Umsatzrenditen des erwirtschafteten Betriebsgewinns vor Verteilung an Betreiber und Pächter, erreichen Renditen zwischen 8,65 und 9,73 % bei den angenommen Pflegesatzszenarien. Selbst der ungünstig angenommene Fall ergibt noch eine Rendite, welche 8 % noch übertrifft.

3.3.7 Resümee

Die Wirtschaftlichkeit eines Pflegeheims wird im Kern durch den Betrieb bestimmt. Ein effizienter Betreiber kann seine Kosten niedrig gestalten und Renditen zwischen 6 und 8 % erzielen. Die hier durchgeführte Beispielrechnung nach der DCF-Methode weist sogar höhere Renditen aus als vom Markt erwartet. Das unterstützt die Pachtangabe von 20 bis 25 % durch die HypZert GmbH für Neubauten und Ketten. Die Personalkosten sind zu 98 % fixe Kosten und mit 60 bis 80 % der Hauptkostenanteil. Die Rendite wird also im Wesentlichen durch den kosteneffizienten Personaleinsatz des Betreibers gesteuert.

Die Wirtschaftlichkeitsrechnung wird im Gegensatz zum Betreuten Wohnen von mehreren Eingangsdaten bestimmt. Auch nicht monetäre Komponenten wie z.B. die Eignung des Betreibers oder das Zusammenspiel von Architektur und Betriebskonzept müssen letztendlich in Zahlen ausgedrückt und bewertet werden.

[113] vgl. HypZert, S. 59

Bei den Pflegesätzen der AWO ist zu beachten, dass es sich wahrscheinlich um öffentlich geförderte Einrichtungen handelt. Die öffentlichen Fördermittel werden bei der Pflegesatzvereinbarung mit den Pflegekassen berücksichtigt. Durch die Förderung der Investition wird beispielsweise der investive Anteil des Pflegesatzes gesenkt. In der obigen Rechnung sind jedoch die vollen Investitionskosten angesetzt worden.

Zugelassene Pflegeheime können auf eine vertragliche Pflegesatzvereinbarung mit den Versicherungsträgern verzichten und direkt mit den Patienten Vereinbarungen treffen[114]. Die Konsequenz für den Patienten eines solchen Pflegeheims ist nach § 92 (1), dass er nur maximal 80 % der Pflegezuschüsse der Pflegekassen erstattet bekommt. Zudem tritt bei unzureichendem finanziellen Ausgleich der Pflegesätze nach § 92 (2) nicht mehr der Sozialhilfeträger als letzte Instanz ein. Der Pflegebedürftige ist auf sich allein gestellt. Dieser Sachverhalt bedeutet, dass hohe Pflegesätze zwar eine hohe Rendite versprechen, jedoch keine Übereinstimmung mit der örtlichen Pflegekasse und dem Sozialhilfeträger schaffen. Wie in Kapitel 2.3.2 gezeigt ist die „mittlere Einkommensgruppe" nicht in der Lage, die Pflegestufen alleine zu finanzieren. Deshalb sind die Pflegesätze für Pflege, Unterkunft und Verpflegung im Sinne dieser Zielgruppe nicht beliebig hoch wählbar, sondern im sozialen Einklang mit den entsprechenden Trägern zu vereinbaren. In der Wahl des investiven Anteils sind nicht geförderte Objekte jedoch frei.[115]

---

[114] vgl. §§ 91 und 92 SGB XI
[115] vgl. § 82 Abs.4 SGB XI

3.4 Betreutes Wohnen mit Pflegeeinrichtung

3.4.1 Konkurrenzobjekte

3.4.1.1 Vorhandene Objekte

Im Giradethaus ca. 500 m Luftlinie entfernt ist die Seniorenresidenz Mundus beheimatet (siehe auch Anhang Anlage 6 und Anlage 9). Deren Konzept sieht 100 Plätze für Betreutes Wohnen kombiniert mit über 30 Pflegeplätzen vor. Diese Einrichtung ist eine typische Seniorenresidenz mit Sauna, Schwimmbad, Bibliothek und Inklusivleistungen für den Bewohner, für eine hochpreisiges Entgelt. Deshalb kann das Objekt nicht als Konkurrenzobjekt betrachtet werden, da es sich nicht an die mittlere Einkommensgruppe als Kunden richtet.

3.4.1.2 Geplante Objekte

Zur Zeit liegen keine Informationen über Planungen derartiger Objekte vor.

3.4.2 Betriebskonzept

In einer Einrichtung sollen hier sowohl das Betreute Wohnen wie in Kapitel 3.3 dargestellt und die stationäre Pflege wie in Kapitel 3.4 dargestellt kombiniert werden. Zwar findet das Konzept auf einem Grundstück statt, jedoch muss das Betreute Wohnen von dem Pflegebereich sowohl räumlich als auch betriebswirtschaftlich und steuerlich getrennt sein. Die Gründe dafür sind zum einen, dass die stationäre Pflege unter das Heimgesetz fällt und das Betreute Wohnen nicht darf. Zum anderen soll der mobile und selbständige Charakter des Betreuten Wohnens nicht durch Vermischung mit der Pflegeeinrichtungen gestört werden.

Mit den Bewohnern des betreuten Wohnens und denen des Pflegebereichs sind wie in den vorigen Kapiteln dargestellt, unterschiedliche Verträge zu schließen. Bei einem Wechsel vom Betreuten Wohnen in die Pflege muss der vorhandene Vertrag aufgelöst und ein neuer geschlossen werden.

Die Kombination der Altenwohnformen auf einem Grundstück bietet zunächst den Vorteil, dass es Synergieeffekte beim Raumprogramm gibt. So können beide

Einrichtungen gemeinsame Gemeinschaftsräume und einen Empfang im Zentralbereich haben. Zudem reicht eine Verwaltung sowie ein Personalraum. Ein weiterer Vorteil für das Betreute Wohnen ist die Vorhaltung von Zusatzleistungen durch die stationäre Pflege, ohne die Wahlfreiheit des Bewohners einzuschränken. Zusatzleistugen wie zusätzliche Wohnungsreinigung, Hausmeistertätigkeiten, Wäschereinigung, Speisenversorgung und pflegerische Dienste stehen automatisch bereit. Der Bewohner hat so den Vorteil von nur einem Ansprechpartner für verschiedene Dienstleistungen. Dieses Konzept bietet dem Bewohner des Betreuten Wohnens außerdem die Möglichkeit, mit einem einfachen Umzug in die stationäre Pflege einzutreten. Dem Bewohner sind der Betreiber, das Personal und die Räumlichkeiten zudem schon bekannt.

Die Größe der Einrichtung wird hier wieder auf 100 Plätze festgelegt, um einen Vergleich zu den anderen beiden Konzepten zu haben. Nachfolgend wird erörtert, was das Größenverhältnis von Betreutem Wohnen zu der Pflegestation insbesondere für wirtschaftliche Konsequenzen hat:

1. Kleiner Pflegebereich im Verhältnis zu großem Betreuten Wohnen
Solch eine Einrichtung hat den Charakter eines Betreuten Wohnens mit integrierter Pflegestation. Die Pflegestation kann sich durch die geringe Anzahl an Plätzen und die hohen Fixkosten durch das Personal wahrscheinlich nicht selber tragen. Eine Quersubventionierung durch das Betreute Wohnen ist auch nicht möglich, da der Reinertrag des Betreuten Wohnens nicht ausreichen wird. Das bedeutet, dass die Pflegestationen den Service auf das Betreute Wohnen ausweiten oder extern anbieten muss. Will man allein durch die Dienstleistungen für das Betreute Wohnen den Deckungsbeitrag erzielen, muss der Grundservice erweitert werden. Dafür kommen zusätzliche hauswirtschaftliche (Wäsche, Reinigung, Speisen) oder haustechnische (Hausmeister) Dienste in Frage. Solch ein Konzept hat zwei Konsequenzen. Zum Einen erhöht sich die Grundpauschale für den Service und zum Anderen fällt auch das Betreute Wohnen unter das Heimgesetz, weil eine ständige Vorhaltung von Leistungen vorhanden ist, die der Bewohner nicht mehr frei wählen kann. Die erhöhte Servicepauschale für den Bewohner ist aus Sicht der „mittleren Einkommensgruppe“ nicht attraktiv. Dieses Konzept entspricht eher einer Seniorenresidenz wie z.B. der Mundus Seniorenresidenz.

2. Großer Pflegebereich im Vergleich zu kleinem Betreuten Wohnen

Die Idee dieser Aufteilung ist, dass sich die stationäre Pflegestation wirtschaftlich tragen kann. Deshalb sollten mindestens 80 Plätze vorhanden sein. Es ergeben sich zwei Vorteile für die Bewohner des Betreuten Wohnens. Es können bei Bedarf Räumlichkeiten und Einrichtungen des Pflegebereichs gegen Entgelt genutzt werden und Zusatzleistungen können vom Pflegebereich für das Betreute Wohnen erbracht werden. Die räumlich Nähe ermöglicht eine schnelle und einfache Organisation. Während der Konzept- und Gebäudeplanung sollte die Schaffung von Gemeinschaftsräumen, die Pflege und Betreutes Wohnen nutzen, verfolgt werden. Dieser Synergieeffekt sollte sich positiv auf die Flächeneffizienz und damit auch auf die Investitionskosten auswirken. Dieses Konzept wird von Pflegeheimen mit angehängtem Betreuten Wohnen betrieben.

Im Sinne der „mittleren Einkommensgruppe" wird hier ein Konzept mit 80 Pflegeplätzen und 20 betreuten Wohnungen verfolgt.

3.4.3 Vertragsgestaltung Betreiber und Investor

Für die Vertragsgestaltung zwischen Betreiber und Investor gilt hier das gleiche wie in Kapitel 3.3.3. Durch den dominierenden Pflegeanteil ist ein professioneller Betreiber notwendig. Der Betreiber sollte Betreutes Wohnen und die stationäre Pflege betreuen, um die Verwaltung und Organisation in einer Hand zu lassen.

3.4.4 Betreiberanalyse

Die Betreiberanalyse erfolgt entsprechend Kapitel 3.3.4.

3.4.5 Gebäude

Die Trennung zwischen Betreutem Wohnen und stationärer Pflege soll sich auch im Gebäudekonzept fortsetzen. Beide Bereiche sollten ihren eigenen Charakter behalten und deshalb in eigenen Trakten untergebracht werden. Eine Durchmischung in den Individualbereichen sollte in jedem Fall vermieden werden. Bei der Größe des vorhandenen Grundstücks sind auch zwei voneinander getrennte Gebäude mit Verbindungen zu den Zentralbereichen denkbar. Durch die strikte Trennung der beiden Bereich gelten für die Gebäudeaspekte auch hier die Ausführungen von Kapitel 3.2.5 für das Betreute Wohnen und von Kapitel 3.3.5 für den Pflegebereich. Lediglich im Zentralbereich sollten wie zuvor erwähnt gemeinsame Gemeinschaftsflächen geplant werden.

3.4.6 Investitionsrechnung

Die Investitionsrechnung wird mit den Methoden aus Kapitel 3.3 durchgeführt. Als Eingangsgrößen werden 80 Pflegeplätze und 20 Betreute Wohnungen angesetzt. Zudem werden zwei Mietszenarien mit zwei Pflegesatzszenarien kombiniert.

3.4.6.1 Planungskonzept

Für die Pflegeplätze werden hier wieder 50 m² NGF je Pflegeplatz angesetzt. Für das Betreute Wohnen werden die gleichen Flächenansätze wie in Kapitel 3.3 angenommen. Es wird unterstellt, dass ein Teil der Gemeinschaftsräume auch vom Betreuten Wohnen genutzt wird, weshalb hier nur 1 Gemeinschaftsraum angesetzt wird. Aufgrund er geringen Gemeinschaftsflächen wird die Umrechnung von der Nutzfläche (Wohnfläche) auf BGF mit 75 % wie im Wohnungsbau angenommen.

Zimmerstruktur	75 Einbettzimmer, 5 Zweibettzimmer (Pflege) 20 Zweiraumwohnungen á 55 m² Wohnfläche (Betreutes Wohnen)
Flächeneffizienz:	siehe Kapitel 3.2. und 3.3.
Fläche	5.000 m² BGF Pflegebereich 1.493 m² BGF Betreutes Wohnen 2.164 m² überbaute Fläche 2.161 m² Aussenanlagen
GFZ IST	1,4
GRZ IST	0,5
Geschossigkeit:	III
Stellplatzquote:	1 Stellplatz pro 2 Wohnungen (ca. 600 m² Fläche)
Gebäudezugang:	Zentraler Zugang, Nebeneingang für Betreutes Wohnen
Aufzüge:	2-3 Aufzüge, krankentransportgerecht
DIN 18025	Teil I und II ist umzusetzen

Pflegebereich:

Raumausstattung	Pflegebedürftiger kann eigenen Nachttischschrank mitbringen

Sonstiges	Pflege, Betreuung, Verwaltung, Speiseversorgung und Wäscherei durch eigenes Personal, Gebäudereinigung durch externen Dienstleister oder eigenes Personal

Betreutes Wohnen:

Raumausstattung	Einbauküche, Bad, Mobiliar vom Bewohner
Sonstiges	Zentraler Waschmaschinenraum, Balkon

3.4.6.2 Kostenkalkulation

Die Kostenkalkulation verläuft ebenso wie in den Kapiteln 3.2.4.2 und 3.3.4.2. mit den gleichen Ansätzen. Die Erläuterungen zu den Ansätzen sind dort zu finden.

Gründstückskosten					
Kaufpreis		4.700 m²	x	300 €/m²	1.410.000
Nebenkosten					
Maklercourtage		3,5%	von	1.410.000 €	49.350
Notar, Gericht, GrESt		5,0%	von	1.410.000 €	70.500
Vorhaltekosten-Zinsen	36 Monate	5,0%	von	1.529.850 €	229.478
Grundstückskosten					**1.759.328**
Erschließungskosten					
Öffentl. Erschließung		4.700 m²	x	0 €/m²	0
Sonstige Erschließung		3.600 m²	x	5 €/m²	18.000
Erschließungskosten					**18.000**
Baukosten (incl. AGK+WG)					
Pflegeplätze		80 St	x	70.000 €/St	5.600.000
Betreutes Wohnen		1.493 m²	x	700 €/m²	1.045.333
Stellplätze		50 St	x	2.000 €/St	100.000
Außenanlagen		2.536 m²	x	100 €/m²	253.556
Hausanschlüsse		1 Psch	x	250.000 €	250.000
Sonstiges		1 Psch	x	100.000 €	100.000
Baukosten (inkl. AGK+WG)					**7.348.889**
Baunebenkosten					
Honorare u. Gebühren		12%	von	7.348.889 €	881.867
Bauzinsen (50 %)	24 Monate	5%	von	8.230.756 €	205.769
Baunebenkosten					**1.087.636**
Projektentwicklungskosten					
Eigenkosten Projektentwicklung		2%	von	10.213.852 €	204.277
Vermietungskosten	Leerstand 25%	3 Monate	x	39.978 €	119.935
Maklercourtage	Monatsmieten 25%	3,6	x	9.995 €	35.981
Sonstige Kosten		1 Psch	x	100.000 €	100.000
Projektentwicklungskosten					**460.193**
Gewinn		10%	von	10.674.045 €	**1.067.404**
GESAMTKOSTEN (NETTO)					**11.741.449**

Tabelle 22: Kostenkalkulation Betreutes Wohnen und Pflege

Quelle: übernommen von K. Schmidt: Skriptum Grundlagen der Projektentwicklung von gewerblich genutzten Grundstücken

3.4.6.3 Statische Anfangsrendite oder Multiplikatormethode

Es werden die wahrscheinlichen und günstigen Szenarien des Betreuten Wohnens und der Pflege miteinander kombiniert, so dass vier Szenarien entstehen:

Szenario	Betreutes Wohnen „Wahrscheinlich“	Betreutes Wohnen „Günstig“
Pflege „Wahrscheinlich“	1A	2A
Pflege „Günstig“	1B	2B

Die Berechnung erfolgt gemäß Kapitel 3.2.4.3 für das Betreute Wohnen und gemäß Kapitel 3.3.6.3 für die Einnahmen durch den Pflegebereich mit den gleichen Ansätzen.

SZENARIO		**1A**	**1B**	**2A**	**2B**
Pflegestufe	Verteilung	**1**	**1**	**2**	**2**
0	5,0%	75	75	80	80
I	20,0%	90	90	96	96
II	42,0%	110	110	113	113
III	33,0%	126	126	130	130

Einnahmen Pflege		**1**	**1**	**2**	**2**
0	5,0%	300	300	320	320
I	20,0%	1440	1440	1536	1536
II	42,0%	3696	3696	3796,8	3796,8
III	33,0%	3326,4	3326,4	3432	3432
Tagesumsatz		8.762,40 €	8.762,40 €	9.084,80 €	9.084,80 €
Jahresumsatz		**3.198.276 €**	**3.198.276 €**	**3.315.952 €**	**3.315.952 €**
Pacht	**20,0%**	**639.655 €**	**639.655 €**	**663.190 €**	**663.190 €**
Mietszenario		**A**	**B**	**A**	**B**
NKM		8,25 €/m²	9,00 €/m²	8,25 €/m²	9,00 €/m²
Jahres-NKM		**101.475 €**	**110.700 €**	**101.475 €**	**110.700 €**
Gesamteinnahmen		**741.130 €**	**750.355 €**	**764.665 €**	**773.890 €**
Gesamtkosten	**Rendite**	**5,8%**	**5,8%**	**6,0%**	**6,0%**
11.064.381 €	**Faktor**	17,3	17,3	16,7	16,7

Tabelle 23: Renditeberechnung Betreutes Wohnen mit Pflegeeinrichtung (Multiplikatormethode)

Quelle: eigene Darstellung

Die vervielfachten Gesamteinnahmen setzen sich aus den 20 % Pacht für den Pflegebereich und der Jahresrohertrag der betreuten Wohnungen zusammen. Es werden nicht so hohe Renditen wie bei einem reinen Pflegeheim erreicht (5,9 bis 7,1 %). Hier wird der Einfluss der renditeschwächeren Miete des Betreuten Wohnens deutlich.

3.4.6.4 Discounted-Cashflow-Verfahren (DCF)

Entsprechend Kapitel 3.2.4.4 und 3.3.6.4 wird hier das DCF-Verfahren mit den gleichen Eingangswerten angewendet. Zur besseren Übersicht sind diese nachfolgend aufgeführt:

- Mietanpassung von 0,25 % pro
- Inflationsanspassung von 1,0 % pro Jahr
- Bewirtschaftungskosten von 18 %
- Auslastung: 1. Jahr: 70 %
2. Jahr: 90 %
3. bis 10. Jahr: 95 %
- Verkaufserlös nach 10 Jahren = Jahresrohertrag des 10. Jahres x Verkaufsfaktor aus dem Multiplikatormethode
- Pachtanpassung an Pflegesatzsteigerung = 1,0 %
- Gesamtkosten im Verhältnis zum Umsatz vor Abzug der Pacht und des Betreibergewinns = 70 %
- Pflegestufen und -mix wie Kapitel 3.3.6.4

SZENARIO	1A	1B	2A	2B
IRR	**8,66%**	**8,70%**	**8,70%**	**8,74%**
Abzinsungsfaktor 1	8,0%	8,0%	8,0%	8,0%
NPV 1	1.766.641	1.880.493	1.915.802	2.027.339
Abzinsungsfaktor 2	9,0%	9,0%	9,0%	9,0%
NPV 2	-901.679	-809.936	-815.177	-725.545

Tabelle 24: Renditeberechnung Betreutes Wohnen mit Pflegeeinrichtung (DCF-Methode)

Quelle: eigene Darstellung

Die unterschiedlichen Kombinationen ergeben nur marginale Unterschiede in der Rendite. Sie liegt bei rd. 8,7 % und damit wie die DCF-Berechnung des Pflegeheims über den Erwartungen des Marktes von 8 %.

3.4.7 Resümee

Bei der Kombination von Pflege und Betreutem Wohnen hängt das Konzept, davon ab, ob der Pflegebereich genügend Plätze hat, um sich wirtschaftlich zu tragen. Ist das nicht der Fall, müssen die Fixkosten durch erhöhte Dienstleistung am Betreuten Wohnen oder durch Dienstleistung außerhalb der Einrichtung gedeckt werden. Eine erhöhte Servicepauschale durch den Betrieb passt jedoch nicht mehr zum Budget der „mittleren Einkommensgruppe". Werden die Fixkosten durch Dienstleistungen außerhalb der Einrichtung erbracht, ist ein Betreutes Wohnen für die „mittlere Einkommensgruppe" möglich. Jedoch muss zuvor analysiert werden, ob die gebotenen Dienstleistungen nachgefragt werden. In jedem Fall sollte eine Seniorenimmobilie, die Pflege und Betreutes Wohnen kombiniert und für die „mittlere Einkommensgruppe" konzipiert werden soll, einen Pflegebereich haben, der sich wirtschaftlich selbst trägt.

Für das entworfene Konzepte ist die kalkulierte Rendite von 8,7 % höher als der Markt erwartet.

4 Fazit

In der Stadt Essen in NRW wird die mittlere Einkommensgruppe der über 65-jährigen vom Markt des Altenwohnens nicht vollständig bedient. Der kalkulatorische Bedarf für Betreutes Wohnen im mittleren Preissegment liegt bei rd. 864 Wohnungen.

Das Einkommen der mittleren Einkommensgruppe, die hier mit 1.250 bis 2.000 € Nettoeinkommen je Monat definiert wurde, reicht nicht für die Finanzierung der allgemeinen Pflegestufensätze aus. Pflegebedürftige Menschen dieser Kategorie werden, falls kein großes Vermögen vorhanden ist oder familiäre Mitglieder finanzieren, auf die Unterstützung durch den örtlichen Sozialhilfeträger angewiesen sein. Im stationären Pflegebereich gibt es keine Möglichkeiten durch besondere Konzepte oder Investitionseinsparungen etc. ein für die mittlere Einkommensgruppe bezahlbares Objekt zu entwickeln. Die Kosten der stationären Pflege sind einfach zu hoch. Aus Sicht der Immobilienentwicklung bedeutet das, dass eine speziell zugeschnittene Konzeptentwicklung für die mittlere Einkommensgruppe nur im Bereich des Betreuten Wohnens möglich ist.

Der Investor strebt für sein eingesetztes Kapital eine möglichst hohe Rendite an. Bei Seniorenimmobilien wird die höchste Rendite durch den Betrieb einer Pflegeeinrichtung erzielt. Das reine Betreute Wohnen dagegen liegt wegen der fast reinen Wohnnutzung leicht über dem Niveau von Mietgeschosswohnungsbauten.

Um eine Verbindung zwischen der mittleren Einkommensgruppe und den Renditeanforderungen der Investoren zu schaffen, ist die Kombination aus Betreutem Wohnen und Pflegebereich ein Lösung. Der Pflegebereich sollte sich wirtschaftlich selber tragen können, um einen zu hohen fixen Servicegrad im Betreuten Wohnen zu vermeiden. Das selbständige Betreute Wohnen profitiert durch die Nähe der Pflegestation von einfach zu beschaffenden Zusatzleistungen sowie der Möglichkeit, einen erneuten Umzug bei Pflegebedürftigkeit zu vermeiden. Zudem vermittelt die Nähe der Pflegeeinrichtung Sicherheit und wirkt sich bei der Vermarktung positiv aus. Das hier durchgeführte DCF-Verfahren beschert auch dafür eine Rendite von über 8 %. Die Kapazität des Betreuten Wohnens muss aufgrund der sich selbst tragenden Pflegeeinrichtung nicht

begrenzt werden. Sie sollte in Abhängigkeit vom Grundstück und aus Aspekten der Übersichtlichkeit gewählt werden.

Das ausgesuchte Grundstück am Gußmannplatz im Stadtteil Rüttenscheid bietet alle notwendigen Nahversorgungseinrichtungen, um eine selbständiges Betreutes Wohnen zu führen. Die Anforderungen an eine Pflegeeinrichtung werden zwar übererfüllt, jedoch muss bei einem kombinierten Betreuten Wohnen mit Pflegeeinrichtung das Betreute Wohnen funktionieren. Deshalb ist geeigneter Standort unverzichtbar.

Anhang

Anlage 1: Gesamtübersicht der Seniorenimmobilien in Essen

Art des Altenwohnens	Anzahl Wohnungen	Anteil in %
Altenwohnung, öffentlich gefördert	3484	58,3%
Altenwohnung, frei finanziert	202	3,4%
Betreutes Wohnen, öffentlich gefördert	731	12,2%
Betreutes Wohnen, frei finanziert	684	11,5%
Seniorenresidenzen / Wohnstift	870	14,6%
Gesamt	**5971**	**100%**

Anlage 2: Öffentlich gefördertes Betreutes Wohnen nach Stadtteilen und Trägern sortiert

Stadtteil	**Anzahl**	**Träger**	**Betreuung hauptsächlich durch**
Huttrop	62	AWO	AWO
Nordviertel	22	AWO	AWO
Nordviertel	21	AWO	AWO
Überruhr-Holthausen	24	AWO	AWO
Westviertel	96	AWO	AWO
Westviertel	22	AWO	AWO
Summe AWO	**247**	**prozentualer Anteil =**	**34%**
Kupferdreh	91	St. Josef Krankenhaus e.V.	St. Josef Krankenhaus e.V.
Kupferdreh	10	St. Josef Krankenhaus e.V.	St. Josef Krankenhaus e.V.
Altendorf	64	Ev. KG Altendorf	AWO
Bochold	51	Haus Berge	Elisabeth-KK
Haarzopf	56	Berta-Müller-Dostali-Haus	AWO
Summe Kirche/Krankenhäuser	**272**	**prozentualer Anteil =**	**37%**
Altenessen Nord	42	GAGFAH	AWO
Katernberg	117	Wohnungsverwaltung	Humanitas Ambulanter Hilfedienst
Stoppenberg	28	Wohnungsverwaltung	AWO
Summe Wohnungsunternehmen	**187**	**prozentualer Anteil =**	**26%**
Katernberg	20	Thomas Pilgrim	Humanitas Ambulanter Hilfedienst
Katernberg	5	Thomas Pilgrim	Humanitas Ambulanter Hilfedienst
Summe Privat	**25**	**prozentualer Anteil =**	**3%**
Gesamt	**731**		

Anlage 3: Frei finanziertes Betreutes Wohnen nach Stadtteilen und Trägern sortiert

Stadtteil	**Anzahl**	**Träger**	**Betreuung**
Stadtwald	80	Altenwohn- und Pflegeheim Essen e.V. Bettina von Armin-Haus	Altenwohn- und Pflegeheim Essen e.V. Bettina von Armin-Haus
Überruhr-Hinsel	79	AWO	AWO
Byfang	62	Diakoniewerk Essen	Diakoniewerk Essen
Schonnebeck	48	Gesellschaft für soz. Dienste Essen mbH	Gesellschaft für soz. Dienste Essen mbH
Summe Wohlfahrtsverbände	**269**	**prozentualer Anteil =**	**39%**
Altenessen Nord	16	GAGFAH	AWO
Altenessen Nord	26	GAGFAH	AWO
Steele	30	Gewobau	AWO
Werden	92	Gewobau	Ludgeri-Altenheim
Bochold	41	Hopf Immobilien-Entwicklungs-GmbH & Co. KG	auf Wunsch Service-Vertrag mit Haus Berge
Summe Wohnungsunternehmen	**205**	**prozentualer Anteil =**	**30%**
Kettwig	41	Doris-Schmitz Grothaus (Bauherrin, im Bau)	k.A.
Kupferdreh	24	Erbengemeinschaft Brauksiepe	Mary Harenberg und Pflege durch Häusliche Kranken- und Altenpflege
Westviertel	20	Freie Alten- und Krankenpflege	Freie Alten- und Krankenpflege
Freisenbruch	33	Antonius Elsner Ambulante Krankenpflege	Antonius Elsner Ambulante Krankenpflege
Altenessen Nord	74	Genius AG	MSG Mieterservice + ambulanter Pflegedienst nach Wahl
Burgaltendorf	18	k.A. - privat	Alternative Generationspflege GmbH
Summe Privat	**210**	**prozentualer Anteil =**	**31%**
Gesamt	**684**		

Anlage 4: Frei finanzierte Altenwohnungen nach Trägern sortiert

AWO	39
Ev. Kirche	71
Fürstin-Franziska-Christine-Stiftung	23
Gewobau	49
W. Jänsch GmbH	20
Gesamt	**202**

Anlage 5: Öffentlich geförderte Altenwohnungen nach Trägern sortiert

Nach Trägern	Anzahl der Wohnungen	Anteil in %
AWO	137	3,9%
Caritasverband	23	0,7%
Ev. Kirche	496	14,2%
kath. Kirche	362	10,4%
Die Heilsarmee	25	0,7%
Diakoniewerk Essen	62	1,8%
Wohlfahrtsverbände/Kirche	**1105**	**31,7%**
Allbau	232	6,7%
GEWO-Bau	17	0,5%
Viterra Wohnpartner GmbH	280	8,0%
GAGFAH	331	9,5%
Aachener Siedlungs- und Wohnungsbaugesellschaft Köln	197	5,7%
LEG NRW GmbH	88	2,5%
Wohnungsunternehmen	**1145**	**32,9%**
Sahle/AWO	920	26,4%
Sahle/AWO	**920**	**26,4%**
Milene Müller	74	2,1%
WVG Langner	39	1,1%
Eheleute Hütt	15	0,4%
W. Jänsch GmbH	14	0,4%
Privat/Gewerblich	**142**	**4,1%**
Margarethe Krupp-Stiftung	79	2,3%
Fürstin-Franziska-Christine-Stiftung	57	1,6%
Adolphi-Stiftung	36	1,0%
Stiftungen	**172**	**4,9%**
Gesamt	**3484**	**100,0%**

Anlage 6: Standorte Betreutes Wohnen und Seniorenresidenzen

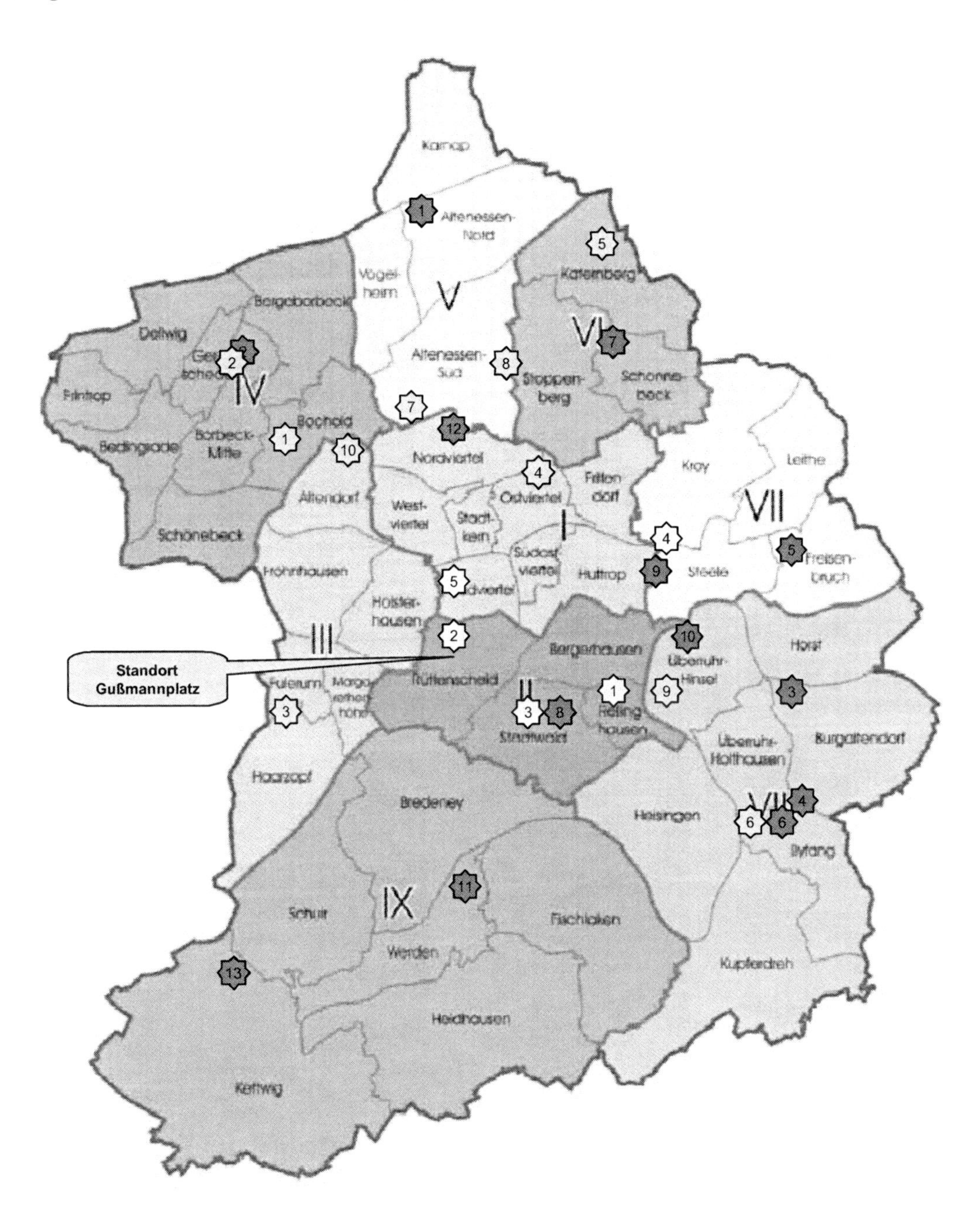

 **Anlage 7:** Adressen Betreutes Wohnen - öffentlich gefördert

1. Altendorf
Ohmstr.5,7,9 und 11, 45143 Essen, 64 Wohnungen mit WBS
Träger: Ev. Kirchengemeinde Altendorf , Zu den Karmelitern 15, 45145 Essen
Ansprechpartner: Schw. Karin Rosenkranz-Staatz, Tel. 0201/62 84 93

(bei 1 frei finanziert) Altenessen-Nord
Wilhelm-Nieswandt-Allee 132-134, 45326 Essen, 42 Wohnungen mit WBS (2. Förderweg), 16 frei finanzierte Wohnungen, 26 Eigentumswohnungen
Träger: GAGFAH, Rüttenscheider Str. 30-34, 45128 Essen, Tel. 0201/7294-252 oder 253
Betreuung durch die AWO

2. Bochold
Germaniastr. 5-9, 45356 Essen, 51 Wohnungen mit WBS
Träger: Haus Berge, Germaniastr. 1-3, 45356 Essen
Ansprechpartner: Fr. Gleisner, Elisabeth-Krankenhaus, Moltkestr. 61,Tel 0201/897-2901
Fa. Hebbelmann, Tel. 8688213

3. Haarzopf
Berta-Müller-Dostali-Haus, Auf'm Bögel 13 A / Hatzperstr. 173 A, 45149 Essen
40 Einpersonenwohnungen, 16 Zweipersonenwohnungen mit WBS (1. Förderweg)
Verwaltung und Betreuung: AWO Tel. 0201/1897-231 und 234

4.Huttrop
Lotte-Lemke-Haus
Vollmerskamp 27a, 45138 Essen, 62 Wohnungen ohne WBS
Träger: Arbeiterwohlfahrt auch Betreuung
Ansprechpartner: Frau Erler und Herr Langer, Tel.0201/283907

5. Katernberg
Joseph-Oertgen-Weg 31 und 27 ,Ottenkampshof 6 und 12, 117 Wohnungen mit WBS (1. und 2. Förderweg)
Träger: Wohnungsverwaltung Hans-Joachim Pedd, Erdpohlweg 1, 45141 Essen, Tel. 0201/31 64 387
Betreuung durch Humanitas Ambulanter Pflegedienst, Viktoriastr. 17, 45327 Essen, Tel. 0201/830280

Katernberger Str. 70, 20 Wohnungen mit WBS und 5 Wohnungen ohne WBS
Träger: Thomas Pilgrim, Viktoriastr. 17, 45327 Essen, Tel. 0201/830280
Betreuung durch Humanitas Ambulanter Pflegedienst, Viktoriastr. 17, 45327 Essen, Tel. 0201/830280

6. Kupferdreh
Kupferdreher Str. 41 u. 43, 45257 Essen, 91 Wohnungen mit WBS, 10 Wohnungen ohne WBS
Träger: Wohnpark „St.Josef", Kupferdreher Str. 41-43, 45257 Essen
Tel. O201/4088852 Fr. Weber Fax 0201/4088853

7. Nordviertel
Anneliese-Brost-Zentrum
Overbergstr. 21-25, 45141 Essen, 43 Wohnungen mit und ohne WBS
Träger und Betreuung: Arbeiterwohlfahrt
Ansprechpartner: AWO, Tel. 0201/1897-231 Herr Vogelwiesche

Tel. 0201/1897-234 Herr Köhler

8. Stoppenberg
Im Mühlenbruch, 45141 Essen, 28 Wohnungen mit WBS (1. Förderweg), 1,5 und 2,5 R-Wohnungen von 38-60 qm
Träger: Wohnungsverwaltung Hans-Joachim Pedd, Erdpohlweg 1, 45141 Essen, Tel. 0201/31 64 387
Betreuung durch die AWO

9. Überruhr-Holthausen
Georg-Gottlob-Haus
Langenberger Str. 480, 45277 Essen, 24 Wohnungen mit WBS für MS-Kranke
Träger und Betreuung: Arbeiterwohlfahrt
Ansprechpartner: Fr.Dr.Gottlob, Tel.0201/ 588335
AWO, Tel. 0201/1897-231 Herr Vogelwiesche
Tel. 0201/1897-234 Herr Köhler

10. Westviertel
Thea-Leymann-Str./Kurt-Joos-Str./Helmut-Käutner-Str./Paul-Klinger-Str., 45327 Essen
Insgesamt 118 Wohnungen davon 96 Wohnungen für Senioren mit WBS,
Verwaltung und Betreuung: AWO, Tel. 0201/1897-231 Herr Vogelwiesche
Tel. 0201/1897-234 Herr Köhler

 **Anlage 8:** Adressen Betreutes Wohnen frei finanziert

1. Altenessen-Nord
Karlstr. 72, 45329 Essen, 74 1,5 Raum-Wohnungen zwischen 25-30 qm
Verwalter: Genius AG, Kruppstr. 73, 42113 Wuppertal, Tel. 0202/30 14 42
Betreuung durch die MSG Mieterservice GmbH, Karlstr. 72, Tel. 0201/54 54 901, Ansprechpartner Frau Hahn
Ein ambulanter Pflegedienst freier Wahl kann die Krankenpflege übernehmen.
Mietkosten pro qm ca. 8,70 Euro, zzgl. Betreuungspauschale 230 € mtl.
Und
Wilhelm-Nieswandt-Allee 130-134, 45326 Essen, 16 frei finanzierte Wohnungen, 42 Wohnungen mit WBS (2. Förderweg), 26 Eigentumswohnungen,
Träger: GAGFAH, Rüttenscheider Str. 30-34, 45128 Essen, Tel. 0201/7294-252 oder 253
Betreuung durch die AWO

2. Bochold
Germaniastr. 11-13, 45356 Essen
41 Eigentumswohnungen ,mit 60, 70, 90 und 120 qm Wohnraum
Träger: HOPF Immobilien-Entwicklungs-GmbH & Co KG, Christophstr. 18-20, 45130 Essen
Ansprechpartner: Frank Prochaska und Joachim Sälzer,, Tel. 0201/7994433
Besonderheit: Auf Wunsch kann ein Service-Vertrag mit dem Haus Berge abgeschlossen werden.

3. Burgaltendorf
„Zu den drei Linden"
Mölleneystr. 26, 45289 Essen, 18 Wohnungen
Träger: privat
Betreuung durch die Alternative GenerationsspflegeGmbH, Breddemann/Hoffrogge
Engelbecke 2, 45138 Essen, Tel 0201/8903431

4. Byfang
Seniorenresidenz an der Pieperbecke, Langenberger Str. 807, 45257 Essen, 62 Wohnungen
Träger: Diakoniewerk Essen, Bergerhauser Str. 17, 45136 Essen, Tel. 0201/ 26640

5. Freisenbruch
Sachsenring 105/Ecke Bochumer Landstraße
29 Wohnungen, 4 Doppelwohnungen für Ehepaare
Träger: Antonius Elsner Ambulante Krankenpflege, Sachsenring 105, 45279 Essen,
Tel. 0201/53 04 77

6. Kupferdreh
Ruhraue-Seniorenwohnungen
Kupferdreher Str.116, 45257 Essen, 24 Wohnungen zwischen 30 und 60 qm, Preis pro qm ca. 13 €
Träger und Vermieter: Erbengemeinschaft Brauksiepe, Küppersbuschstr. 29, 45883 Gelsenkirchen, Tel 0209/47970
Betreuung: Mary Harenberg, Deipenbecktal 176, 45289 Essen Tel.0172/2574334
Pflege durch Häusliche Kranken- und Altenpflege, Maria Nuno und Partner, Steeler Str. 529, 45276 Essen

Tel 0201/851350

7. Schonnebeck
Drostenbusch 55-59,45309 Essen (in unmittelbarer Nähe des Hospitals zum Hl. Geist), 48 Wohnungen, Miete nach Mietwertspiegel
Träger: Gesellschaft für soziale Dienstleistungen Essen mbH, Grabenstr. 101, 45141 Essen
Tel. 0201/29 49 5-0

8. Stadtwald
Bettina von Arnim-Haus
Vittinghoffstr. 11, 45134 Essen, 80 Wohnungen
Träger: Altenwohn- und Pflegeheim Essen e.V. Bettina von Arnim-Haus
Tel. 0201/8435-0 (Herr Büttner)

9. Steele
Hertigerstr. 27/29, 45276 Essen, 30 Wohnungen
Träger: Gewobau, Ribbeckstr. 40, 45127 Essen, Tel. 0201/81065-0
Betreuung durch die Arbeiterwohlfahrt

10. Überruhr-Hinsel
Seniorenwohnanlage „Haus unter'm Regenbogen“
Gewalterberg 40, 45277 Essen, 79 Wohnungen von 22 bis 61 qm zum Preis von ca. 10 € zzgl. Nebenkosten
Info: Frau Kranzhoff/Sozialdienst Arbeiterwohlfahrt Tel. 0201/5849-100
Frau Beste/Arbeiterwohlfahrt Tel.0201/5849-103
Betreuung durch die Arbeiterwohlfahrt

11. Werden
„Wohnen mit Service“
Dückerstr. 2 u. 4, Heckstr. 68, 45239 Essen, 50 Wohnungen
Huffmannstr./Heskämpchen, 45239 Essen, 42 Wohnungen
Träger: Gewobau, Ribbeckstr. 40, 45127 Essen, Tel. 0201/81065-0
Betreuung durch das Ludgeri-Altenheim, Brückstr. 87/89, 45239 Essen, Tel. 0201/849700

12. Westviertel
Stadthaus
Friedrich-Ebert-Str. 73, 45127 Essen
Träger: Freie Alten- u. Krankenpflege, Tel. 0201/ 2439984
20 Wohnungen

13. Kettwig
Seniorenwohnanlage –Wohnen mit Service-, Karlsbader Weg 5, 45219 Essen (Sommer 2005)
41 Wohnungen zwischen 40 und 70 qm, Mietpreis 15,50 € incl. Nebenkosten
Bauherrin Doris Schmitz-Grothaus, Freiherr-vom-Stein-Str. 386c, 45133 Essen, Tel 0201/435240 Fax 0201/435243, Hartmut Sperber 0170/1624259

 **Anlage 9: Adressen Betreutes Wohnen in Seniorenresidenzen**

1. Rellinghausen
Wohnstift Augustinum
Renteilichtung 8-10, 45134 Essen
Tel. 0201/4311
400 Wohnplätze

2. Rüttenscheid
Mundus Senioren-Residenzen GmbH
Residenz im Giradethaus, 92 Wohnungen
Giradetstr.2-38, 45131 Essen Eingang 8, Tel. 0201/72070
www.mundus-seniorenresidenzen.de

3. Stadtwald
Arkanum Gesellschaft für betreutes Wohnen mbH
Ahornstr. 25, 45134 Essen
Tel. 0201/43650
68 Wohnungen, 24 Pflegeplätze
und
Arkanum-Stadtwaldresidenz
Stadtwaldplatz 5, 45134 Essen
47 Appartements „Betreutes Wohnen“ 24-40 qm, 1.650-2.700 € mit entsprechendem Leistungspaket (Hausservice, Sozialer Dienst, Mittagessen, etc.)
Träger und Verwaltung: Arkanum Gesellschaft für betreutes Wohnen mbH, Ahornstr. 25, 45134 Essen, Tel. 0201/4365-500

4. Steele
Seniorenresidenzen der Rhenania
Kaiser-Otto-Residenz
Scheidtmanntor 11, 45276 Essen
Tel. 0201/56390, 134 Wohnungen
www.kaiser-otto-residenz.de

5. Südviertel
Nova-Vita-Residenz am Folkwang-Museum
Bismarckstr. 50, 45128 Essen
Ansprechpartner: Fr. Hinz und Herr Kryl Tel. 0201/7292-0
Träger: Care Management Deutschland GmbH
98 Wohnungen

Westviertel (nicht verwirklicht worden)
CURANUM Seniorenresidenz und Pflegezentrum Essen Weststadt
Helmut-Käutner-Weg 19, 45127 Essen
Betreutes Wohnen in 44 Wohnappartements mit 1 bis 4 Zimmern von 30 qm bis 137 qm zum Preis von 600 € bis 2.500 €, Tel. 0201/6169-0 Fax 0201/6169-199
Email essen@curanum.de , www.curanum.de

Anlage 10: DCF-Verfahren Pflegeheim (hier beispielhaft Szenario „ungünstig")

UNGÜNSTIG						
Betrachtungszeitraum	10 Jahre					
Mieteinnahmen	549.000					
Bewirtschaftungskosten	18%					
Bewirtschaftungskosten	98.820					
Inflationsanpassung	1,0%					
Mietanpassung	0,25%					
Diskontsatz	5,0%					
Verkaufsfaktor	19,1				3%	4%
Jahr	Auslastungsgrad	Miete	Kosten	CF	Barwert	Barwert
0				10.510.943	-10.510.943	-10.510.943
1	70%	385.261	99.808	285.453	277.138	274.474
2	90%	496.574	100.806	395.767	373.049	365.909
3	95%	525.471	101.814	423.657	387.706	376.630
4	95%	526.785	102.832	423.953	376.676	362.396
5	95%	528.102	103.861	424.241	365.954	348.695
6	95%	529.422	104.899	424.523	355.531	335.507
7	95%	530.746	105.948	424.797	345.399	322.811
8	95%	532.073	107.008	425.065	335.550	310.591
9	95%	533.403	108.078	425.325	325.976	298.828
10	95%	534.736	109.159	425.578	316.670	287.505
Auszahlung				10.237.858	7.617.928	6.916.330
				Net Present Value	**566.635**	**-311.268**
				Interner Zinsfuß (IRR)	**3,65%**	

Anlage 11: DCF-Verfahren Pflegeheim (hier beispielhaft Szenario „ungünstig“)

Ungünstig						
	Einnahmen					
Pflege	3.462.390					
Kosten in %	70,0%					
Kosten in €	2.423.673					
Inflationsanpassung	1,0%					
Preisanpassung	1,0%					
Verkaufsfaktor	16,9				7%	8%
Jahr	Auslastungsgrad	Einnahmen	Ausgaben	CF	Barwert	
		Pflege				
			11.064.381	-11.064.381	-11.064.381	-11.064.381
1	70%	2.447.910	2.447.910	0	0	0
2	90%	3.178.786	2.472.389	706.397	616.994	528.973
3	95%	3.388.939	2.497.113	891.826	727.996	577.906
4	95%	3.422.828	2.522.084	900.744	687.173	505.093
5	95%	3.457.056	2.547.305	909.752	648.640	441.454
6	95%	3.491.627	2.572.778	918.849	612.268	385.833
7	95%	3.526.543	2.598.506	928.038	577.935	337.220
8	95%	3.561.809	2.624.491	937.318	545.528	294.732
9	95%	3.597.427	2.650.735	946.691	514.937	257.597
10	95%	3.633.401	2.677.243	956.158	486.062	225.141
Verkauf		16.191.665		16.191.665	8.231.022	7.499.874
				Net Present Value	**2.584.175**	**-10.559**
				Interner Zinsfuß (IRR)	**8,00%**	

Anlage 12: DCF-Verfahren für Betreutes Wohnen mit Pflege (hier beispielhaft Szenario 1A)

Szenario 1A							
	Einnahmen	**Kostenanteil**	**Ausgaben**				
Pflege	3.198.276	70,0%	2.238.793				
Miete	108.900	18,0%	19.602				
Gesamt	**3.307.176**		**2.258.395**				
Inflationsanpassung	1,0%						
Preisanpassung	1,0%						
Mietanpassung	0,3%					1. Abzinsung	2. Abzinsung
Verkaufsfaktor	18,4					8%	9%
Jahr	Auslastungsgrad	Einnahmen		Ausgaben	CF	Barwert	
		Pflege	Miete				
				11.741.449	-11.741.449	-11.741.449	-11.741.449
1	70%	2.261.181	76.421	2.280.979	56.623	52.428	48.099
2	90%	2.936.305	98.501	2.303.789	731.017	626.729	527.505
3	95%	3.130.428	104.233	2.326.827	907.834	720.668	556.488
4	95%	3.161.732	104.493	2.350.095	916.130	673.383	477.042
5	95%	3.193.349	104.755	2.373.596	924.508	629.204	408.940
6	95%	3.225.283	105.017	2.397.332	932.967	587.928	350.562
7	95%	3.257.536	105.279	2.421.305	941.509	549.362	300.520
8	95%	3.290.111	105.542	2.445.518	950.135	513.328	257.622
9	95%	3.323.012	105.806	2.469.974	958.845	479.661	220.849
10	95%	3.356.242	106.071	2.494.673	967.639	448.204	189.326
Verkauf		17.761.897			17.761.897	8.227.195	7.502.817
					Net Present Value	**1.766.641**	**-901.679**
					Interner Zinsfuß (IRR)	**8,66%**	

Anlage 13: Adressenliste der stationären Pflegeheime in Essen

Stadtteil	Träger/Heimname	Anschrift	Telefon / Fax	Pflegesatz-ver-einbarung ja/nein	Kurz-zeitpfl.	Tages-pflege	Pflege-plätze	Geron-topfle-ge	Apalliker
Nordviertel	Ges. f. Soz.Dienstleistungen Essen mbH **Altenheim Stoppenberger Straße**	Stoppenberger Str. 49 45141 Essen www.gse-essen.de	8546 - 2400 8546 - 2499	ja			62		
Ostviertel	Caritasverband für die Stadt Essen Franz- **Laarmann-Haus**	Eisenstr. 64 45139 Essen www.caritas-stadt-essen.de	8 10 70 - 0 8 10 70 - 55	ja	34	X			
Ostviertel	Ev.freikirchl. Sozialwerk Essen e.V. **Johannes-Heim**	Sölingstr. 77 45127 Essen www.johannesheim.de	23 15 04 22 17 37	ja	X		51		
Ostviertel	Senioren- u. Pflegezentrum **Christophorus GmbH**	Volkeningstr. 15 45139 Essen www.maternus.de	24 27 - 1 24 27 - 335	ja	X		262		
Westviertel	Kath. Kirchengem. St.Gertrud Alten- **u. Pflegeheim Marienhaus**	Ottilienstr. 9 45127 Essen www.marienhaus.de	87440 - 0 87440 - 555	ja	10		102		
Südviertel	**Nova Vita Residenz** **Am Folkwang Museum**	Goethestr. 19 45128 Essen www.novavita.com	72 92 - 0 72 92 - 760	ja	3		56		
Altendorf	Kath. Alten- u. Pflegeheime E.mGmbH **Kath. Alten- u. Pflegeheim St. Anna**	Oberdorfstr. 55a 45143 Essen www.anna-essen.de	8 62 66 8 62 67 70	ja			115		
Altenessen	Kath. Alten- u.Pflegeheime Essen mGmbH **Altenheim St. Monika**	Johanniskirchstr. 39 45329 Esssen www.monika-essen.de	856 99-0 856 99-220	ja			60		
Altenessen	Arbeiterwohlfahrt Essen e.V. **Friedrich-Ebert-Seniorenzentrum**	Schonnefeldstraße 86 45326 Essen www.awo-essen.de	8 35 37-0 8 35 3750	ja	X		184		
Bedingrade	Kath. Sen.- u. Pflegeeinrichtgn. GmbH **Seniorenstift St. Franziskus**	Laarmannstr. 14 45359 Essen www.pflegebeduerftig.de	60 91-0 60 91-104	ja			102		
Bergerhausen	Adolphi-Stiftung Senioreneinr. gGmbH **Seniorenstiftung Adolphinum**	Obere Fuhr 42 45136 Essen www.adolphi-stiftung.de	89 69 - 5 89 69 - 888	ja			154		
Borbeck	Ev. Kirchengemeinde E-Borbeck **Ev. Altenheim Bethesda**	Wüstenhöferstr. 177 45355 Essen www.kirche-essen.de	68 57 - 0 68 57 - 140	ja			107		
Dellwig	Ev. Altenwohnh. E-Dellwig gGmbH **Evangelisches Altenwohnheim**	Schiffstr. 3 45357 Essen www.kirche-essen.de	86 91 3-0 86 91 3-26	ja			109	X	
Dellwig	**SOS Pflegedienst GmbH**	Heinz-Bäcker-Str. 24 45356 Essen www.sos-pflegedienst.de	86 600 - 12 86 600 - 11/17	nein	9	X			
Freisenbruch	DRK Kreisverband Essen e.V. **DRK-Heim Freisenbruch**	Minnesängerstr. 76 45279 Essen www.kv-essen.drk.de	85 36 - 0 85 36 - 160	ja			265		
Frintrop	Altenwohn-u.Pflegeheim der Nikolaus Groß GmbH **Papst Leo Haus**	Unterstr. 93 45359 Essen www.pflegebeduerftig.de	60 90 00 60 90 010	ja			130		
Frohnhausen	Ev. Kirchengemeinde Frohnhausen **Ev. Seniorenzentr. E-Frohnh. gGmbH**	Möserstr. 38 45144 Essen www.ev-seniorenzentrum.de	8 76 00 - 0 8 76 00 - 44	ja			104		
Frohnhausen	Ges. f. Soz.Dienstleistungen Essen mbH **Alfried-Krupp-Heim**	Aachener Str. 19-21 45145 Essen www.gse-essen.de	8546 -2600 8546 -2699	ja			155		
Frohnhausen	Ges.f.Pflege u.Betreuung KG **Haus Grotehof**	Raumerstr. 80 45144 Essen www.gesbe.de	87 68 - 0 87 68 - 666	ja			132	X	55
Haarzopf	Arbeiterwohlfahrt Essen e.V. **Marie-Juchacz-Haus**	Auf'm Bögel 8 45149 Essen www.awo-essen.de	87 16 - 0 87 16 - 118	ja	X		128	X	
Heidhausen	Adolphi-Stiftung Senioreneinr. gGmbH **Paul-Hannig-Heim**	Schaphausstr. 17 45239 Essen www.adolphi-stiftung.de	40 32 68 40 35 53	ja			87		

Stadtteil	Träger/Heimname	Anschrift	Telefon Fax	Pflegesatz-vereinbarung ja/nein	Kurzzeitpfl.	Tagespflege	Pflegeplätze	Gerontopflege	Apalliker
Heidhausen	Gesellsch. f. Senioren-u. Behindertenb. **Haus St. Augustinus**	Heidhauser Str 182 45239 Essen www.gesbe.de	8 40 70 8 40 71 46	ja			161	X	
Heisingen	Kath.Kirchengem. St. Georg **Kath. Alten-u. Pflegeheim St. Georg**	Fährenkotten 15 45259 Essen www.pflegebeduerftig.de	84 68 - 0 84 68 - 100	ja			127		
Heisingen	Ev. Altenzentrum E-Heisingen **Paulushof**	Stemmering 18 45259 Essen www.paulushof-essen.de	84 66 - 0 84 66 - 444	ja			98		
Holsterhausen z.Zt.Frohnhausen	Arbeiterwohlfahrt Essen e.V. **Otto-Hue-Haus**	Martin-Luther-Str. 118 45144 Essen www.awo-essen.de	74 99 6 -114 74 99 6 -110	ja	X		91		
Holsterhausen	Stiftung Waldthausen **Waldthausen** **Stift Seniorenheim**	Hohlweg 2 45147 Essen www.waldthausen-stift.de	87 47-0 87 47-333	ja			75		
Huttrop	Adolphi-Stiftung Senioreneinr. gGmbH **Haus Abendfrieden**	Töpferstr. 26 45136 Essen www.adolphi-stiftung.de	174 - 6000 174 - 6444	ja			102		
Huttrop	Ges. f. Soz.Dienstleistungen Essen mbH **Blinden-Altenheim St. Altfrid**	Mathilde-Kaiser-Str. 40 45138 Essen www.gse-essen.de	8546 -2300 8546 -2399	ja			83		
Karnap	**Ev. Altenzentrum** **Am Emscherpark e.V.**	Lohwiese 20 45329 Essen www.altenzentrum-emscherpark.de	3 89 82 3 89 85	ja	X		74		
Katernberg	Gesellschaft für Pflege u. Eingliedg. KG **Betreuungszentrum Zollverein**	Am Handwerkerpark 13-16 45309 Essen www.gesbe.de	29 488 - 0 29 488 - 20	ja			48	X	
Katernberg	Arbeiterwohlfahrt Essen e.V. **Louise** **Schröder-Sozialzentrum**	Joseph-Oertgen-Weg 51 45327 Essen www.awo-essen.de	36 11 - 1 36 11 - 265	ja	X		146		
Kettwig	Kath. Kirchengem. St. Peter **Altenheim St. Josefshaus**	Münzenbergerplatz 3 45219 Essen www.pflegebeduerftig.de	02054/ 10300 02054/103019	ja	X		121		
Kettwig	Haus Abendfrieden gGmbH **Ev. Altenheim Haus Abendfrieden**	Schulstr. 11 45219 Essen www.kirche-essen.de	02054/ 9 57 90 02054/ 1 55 43	ja			78		
Kettwig	**Ev. Altenkrankenheim Kettwig** **gemeinn. Betriebs GmbH**	Wilhelmstr. 5-7 45219 Essen www.kirche-essen.de	02054/ 95 81-0 02054/ 85 35 3	ja			126		
Kettwig	**Pflegeheim** **Haus Kettwig GmbH**	Akademiestr. 2 45219 Essen www.Haus-Kettwig.de	02054/93 20 02054/93 24 44	ja	X		134		
Kray	Diakoniewerk Essen e.V. **Altenzentrum Kray**	Burgunderweg 3-5 45307 Essen www.diakoniewerk-essen.de	59 22 30 59 22 333	ja			78		
Kupferdreh	Kath. Kliniken Ruhrhalbinsel gGmbH **Altenkrankenheim St. Josef**	Heidbergweg 33 45257 Essen www.pflegebeduerftig.de	4 55 - 2001 4 55 - 2996	ja			126	X	
Kupferdreh	Ges. f. Soz.Dienstleistungen Essen mbH **Altenheim Deilbachtal**	Deilbachtal 106 45257 Essen www.gse-essen.de	8546 - 2500 8546 - 2599	ja			68		
Kupferdreh	Ges. f. Soz.Dienstleistungen Essen mbH **Franz-Hennes-Heim**	Deilbachtal 40 45257 Essen www.gse-essen.de	8546 - 2700 8546 - 2799	ja			93		
Margar.-Höhe	Diakoniewerk Essen e.V. **Seniorenzentrum Margarethenhöhe**	Helgolandring 71 45149 Essen www.diakoniewerk-essen.de	87 17 300 87 17 400	ja			145		
Rellinghausen	Collegium Augustinum München e.V. **Wohnstift Augustinum**	Renteilichtung 8-10 45134 Essen www.augustinum-essen.de	431 - 1 431 - 88 44	nein					
Rüttenscheid	Arbeiterwohlfahrt Essen e.V. **Gotthard-Daniels-Haus**	Katharinenstr. 9 45131 Essen www.awo-essen.de	45 13 65 - 0 45 13 65 - 54	ja			32		
Rüttenscheid	Seniorenwerk GmbH **Altenheim St. Andreas**	Paulinenstr. 21 - 23 45130 Essen www.pflegebeduerftig.de	180 78 - 0 180 78 - 199	ja			80		

Stadtteil	Träger/Heimname	Anschrift	Telefon / Fax	Pflegesatz-ver-einbarung ja/nein	Kurz-zeitpfl.	Tages-pflege	Pflege-plätze	Geron-topfle-ge	Apalliker
Rüttenscheid	DRK Kreisverband Essen e.V. **Altenheim C.H.-Schmitz-Stiftung**	Henri-Dunant-Str. 66 45131 Essen www.kv-essen.drk.de	89 50 40 89 50 466	ja			170		
Rüttenscheid	Mundus Senioren-Residenzen GmbH **Residenz im Girardet Haus**	Girardetstr. 2-38 45131 Essen www.mundus-seniorenresidenzen.de	72 07 - 0 72 07 - 109	nein	X		36	X	
Schönebeck	Kath. Sen.- u. Pflegeeinrichtgn. GmbH **Kloster Emmaus Altenheim**	Schönebecker Str. 91-93 45359 Essen www.pflegebeduerftig.de	66 56 - 0 66 56 - 149	ja			95		
Schonnebeck	Ges. f. Soz.Dienstleistungen Essen mbH **Hospital zum Heiligen Geist**	Drostenbusch 61 45309 Essen www.gse-essen.de	88 25 201 88 26 204	ja			125		
Stadtwald	Caritasverband für die Stadt Essen e.V. **Altenkrankenheim Lambertus**	Am Glockenberg 34 45134 Essen www.caritas-stadt-essen.de	43 51 40 47 00 13	ja			63	X	
Stadtwald	Altenwohn- und Pflegeheim Essen e.V. **Bettina von Arnim-Haus**	Vittinghoffstr. 11 45134 Essen www.Bettina-von-Arnim-Haus.de	84 35 - 0 84 35 - 199	ja			55		
Stadtwald	**Arkanum Wohnresidenz GmbH** **Ahorn Residenz**	Ahornstr. 25 45134 Essen www.arkanum-residenzen.de	43 65 - 0 43 08 - 030	nein	4		24		
Stadtwald	**Arkanum Wohnresidenz GmbH** **Stadtwald Residenz**	Stadtwaldplatz 5 45134 Essen www.arkanum-residenzen.de	43 63 199 43 63 152	Sonder-regelung	4		28		
Steele	Fürstin-Franziska-Christina-Stiftung **Fürstin-Franziska-Christina-Stiftung**	Steeler Str. 646 45276 Essen www.pflegebeduerftig.de	56 30 20 56 30 275	ja	X		32		
Steele	St. Laurentius Seniorenwerk GmbH **Altenpflegeheim St. Laurentius-Stift**	Laurentiusweg 49 45276 Essen www.pflegebeduerftig.de	85 18 - 0 85 18 - 222	ja			100		
Steele	Fürstin-Franziska-Christina-Stiftung **Maximilian-Kolbe-Haus**	Paßstr. 4 45276 Essen	5 18 87 5 63 02 75	ja	24	12			
Steele	Ev. Altenzentrum E-Steele **Paul-Bever-Haus**	Augenerstr. 38 45276 Essen www.kirche-essen.de	50 23 - 1 50 23 - 290	ja		14	60	X	
Steele	Ev. Altenzentrum E-Steele **Haus Schäpenkamp**	Schäpenkamp 2 45276 Essen www.kirche-essen.de	50 23 - 1 50 23 - 290	ja			58		
Steele	Ev. Altenzentrum E-Steele **Altenkrankenheim**	Augenerstr. 36 45276 Essen www.kirche-essen.de	50 23 - 1 50 23 - 290	ja	X		168	X	
Steele	RHENANIA Seniorenresidenz GmbH **Kaiser-Otto-Residenz**	Scheidtmannstor 11 45276 Essen www.seniorenresidenzen-ag.de	56 39 - 0 56 39 - 110	nein	X		143		18
Stoppenberg	Ges. f. Soz.Dienstleistungen Essen mbH **Seniorenheim**	Grabenstr. 90 45141 Essen www.gse-essen.de	8546 - 2200 8546 - 2299	ja			121		
Überr.-Hinsel	Kath.K.gem. St. Maria Heimsuchung **Altenwohnstätte Marienheim**	Hinseler Hof 24 45277 Essen www.pflegebeduerftig.de	8 58 16 - 0 8 58 16 - 55	ja		14	134		
Überr.-Holt	Arbeiterwohlfahrt Essen e.V. **Kurt-Schumacher-Zentrum**	Rüpingsweg 51 45277 Essen www.awo-essen.de	58 48 00 58 74 35	ja	X		175		
Vogelheim	Altenwohn- u.Pflegeheim d.Nikolaus Groß GmbH **Albert-Schmidt-Haus**	Hafenstr. 118 45356 Essen www.pflegebeduerftig.de	83 53 20 83 53 228	ja			82		
Vogelheim	Altenwohn- u.Pflegeheim d.Nikolaus Groß GmbH **Haus St. Thomas**	Vogelheimer Str.261-263 45356 Essen www.pflegebeduerftig.de	36 49 20 34 56 66	ja			130		
Werden	Stiftung St. Ludgeri Altenheim **St. Ludgeri Altenheim**	Brückstr. 87/89 45239 Essen www.pflegebeduerftig.de	8 49 70 - 0 8 49 71 - 70	ja	X		81		
Werden	Gesellsch.f.Senioren-u. Behindertenb. **Pflegeheim Haus Barbara**	Tiergarten 2a, 6, 14, 26/28 45239 Essen www.gesbe.de	8 40 73 6 - 0 8 40 73 56	ja			139	X	
			Summe:				6470		

Quellenverzeichnis

BaukostenInformationszentrum (BKI) deutscher Architektenkammern GmbH: Baukosten für Gebäude, Stuttgart 2004, Kosten für Seniorenwohnheim

Bobka, Gabriele: Seniorenimmobilien – Neue Gesetze fordern neue Bewertungsschwerpunkte, GuG 01/2003

Bultmann, Feddersen, Krings-Heckemeier: Service-Wohnen: Miet-, Kooperations- und Betreuungsverträge außerhalb des Anwendungsbereichs des neuen Heimgesetzes, empirica paper Nr.78, Wohnen im Alter, Teil 4, 2003

Bundesministerium für Familie, Senioren, Frauen und Jugend (BMFSFJ), Schriftenreihe Band 225, Qualitative und quantitative Erfassung des erforderlichen Pflegezeit- und Personalbedarfs in deutschen Altenpflegeheimen, Erprobung des Verfahrens PLAISIR in elf Einrichtungen, Abschlussbericht der KDA Beratungs- und Forschungsgesellschaft für Altenhilfe mbH; 2002; Tabelle Nr. 4; durchschnitt der Bundesländer

Cirkel, Hilbert, Schalk: Produkte und Dienstleistungen für mehr Qualität im Alter, Expertise, Gelsenkirchen, 2004

Deutsches Institut für Normung e.V. (Hrsg.): DIN 18025., Bauen für Behinderte und alte Menschen, Normen, Bauwesen, Band 25, 3.Auflage,Berlin/Wein/Zürich, 1995

Dr. Claudia Weinkopf: Haushaltsnahe Dienstleistungen für Ältere, Expertise zum 5. Altenbericht, Institut Arbeit und Technik / Wissenschaftszentrum NRW, 2004

Forschungsgesellschaft für Gerontologie in Zusammenarbeit mit Institut für Arbeit und Technik und der infas GmbH: Einkommenssituation und –verwendung älterer Menschen in Nordrhein-Westfalen, Ziele, Ergebnisse, Perspektiven im Auftrag des Ministerium für Gesundheit, Soziales, Frauen und Familie NRW Nordrhein-Westfalen, 2003

Gabriele Bobka: Seniorenimmobilien – Neue Gesetze fordern neue Bewertungsschwerpunkte, Auszug aus der GUG 01/2003

GeroStat – Deutsches Zentrum für Altersfragen (Hrsg.): Mikrozensus, Berlin 2002

Gutachterausschuss Essen (Hrsg.): Mietspiegel der Stadt Essen, 2004

Heeg, Sybille: Verbesserte Wohnkonzepte für Menschen im Heim aus Sicht einer Architektin, in Kruse, Andreas/Wahl, Hans Werner (Hrsg.): Altern und Wohnen im Heim: Endstation oder Lebensort?, Bern/Göttingen/Toronto/Seattle 1994, S.219-230

Heiber, Andreas: Auszug aus „Kostenvergleich ambulanter und stationärer Versorgung“; Untersuchung in Kooperation mit Evangelisches Johanneswerk Bielefeld e.V., Verein Alt und Jung e.V. und System & Praxis, Bielefeld 2004

HeimG i.d.F.v. 07.08.1974, BGBl. I, S.173, neu gefasst durch Bekanntmachung v. 05.11.2001, BGB1. I, S. 2970, geändert durch Art. 31 Gesetz v. 23.07.2002, BGB1. I, S. 2850

HeimMindBauV i.d.F.v. 27.01.1997, BGB1. I, S.189, i.d.F.v. der Bekanntmachung v. 03.05.1983, BGB1. I, S. 551

Heimpersonalverordnung i.d.F.v. 19.07.1993, BGB1. I, S. 1205, Änderung durch Art. 1 Vertrag v. 22.06.1998, BGB1. I, S. 1506

HypoVereinsbank (Hrsg.): HVB-Expertise für Essen, 2004

IHK Essen (Hrsg.): Wirtschaftsdaten 2003, MEO 01/2004, Zeitschriftenreihe

Kemmer, Peter H.: Das Betreute Wohnen – die marktgerechte Seniorenimmobilie?: Produkt und Konzeption, das Betreuungsmodell, Marktakzeptanz, in: Der Grundbesitz, 32. Jg. (1995), Nr. 12

Kremer-Preiß, Ursula et al.: Ratgeber Betreutes Wohnen: Service, Preise, Verträge, Worauf müssen Sie achten? Mit Musterverträgen zum Wohnung und zur Betreuung, Köln 2000

Kuratorium Deutsche Altershilfe (KDA) (Hrsg.): Planung humaner Pflegeheime – Erfahrungen und Empfehlungen: Standort, Kapazitäten, Leistungsangebot, Inhalte, Raumprogramme, Flächen, Funktionsschemata, Beispiele, Köln 1997

Kuratorium Qualitätssiegel Betreutes Wohnen für Senioren Baden-Württemberg und Sozialministerium Baden-Württemberg (Hrsg.): Betreutes Wohnen für Senioren – Informationen zu einer neuen Wohnform mit Fragebogen zum Prüfen und Vergleichen von Angeboten, Stuttgart 1998

Landesamt für Datenerhebung und Statistik (LDS) (Hrsg.), Einwohnerzahlen Stadt Essen, Essen 2004

Landesamt für Datenerhebung und Statistik (LDS) Nordrhein-Westfalen (Hrsg.): Entwicklungen in NRW, Jahresbericht 2003

Landeswohlfahrtsverband Baden (Hrsg.): Leitfaden „Betreutes Wohnen im Alter“, Karlsruhe 1994

Landkreis Aichach-Friedberg, Landkreis Augsburg/Bayerisches Sozialministerium: 10 Jahre Betreutes Wohnen in der Region Augsburg – eine kritische Bilanz. Dokumentation der Fachtagung, Aichach/ Augsburg 2000

Loeschke, Gerhard/Pourat, Daniela: Wohnungsbau für alte und behinderte Menschen, Stuttgart/Berlin/Köln 1995

Ministerium für Gesundheit, Soziales, Frauen und Familie NRW (Hrsg.): Seniorenwirtschaft in NRW, Bericht über die Landesinitiative NRW, o.J. (2000)

Ministerium für Gesundheit, Soziales, Frauen und Familie NRW (MGSFF) (Hrsg.): Qualitätssiegel „Betreutes Wohnen für ältere Menschen in Nordrhein-Westfalen", o.J.

Oswald, F.: Hier bin ich zu Hause, Zur Bedeutung des Wohnens: Eine empirische Studie mit gesunden und gehbeeinträchtigten Älteren, 1996

Pamela Busz: Seniorenimmobilien als Investitionsobjekte, Dissertation, Köln 2003

Sachverständigenkomission (Hrsg.): Dritter Altenbericht zur Lage der älteren Generation in der Bundesrepublik Deutschland, Stellungnahme der Bundesregierung: Alter und Gesellschaft, Berlin 2000

Saup, W.: Ältere Menschen im Betreuten Wohnen – Ergebnisse der Augsburger Längsschnittstudie – Bd. 1, Augsburg 2001

Schlüter: Betreutes Wohnen und Heimgesetz, NZM 2000

Seniorenreferat Stadt Essen (Hrsg.): Wohnungen für Seniorinnen und Senioren, Essen 2004

SGB XI i.d.F.v. 26.05.1994, BGB1. I, S. 1014 f., zuletzt geändert durch Art. 12 Gesetz v. 21.06.2002, BGB1. I, S. 2167

Sommer Goetz /Piehler Jürgen: Grundstücks- und Gebäudewertermittlung für die Praxis, Losebl.-Ausg., Grundwerk 2000

Sozialamt Essen (Hrsg.): Pflegebedarfsplan Essen 1999, 1999

Sozialhilferichtlinien Baden-Württemberg 50, 2002:Mehrbedarf bei betreutem Seniorenwohnen, BSHG § 23 Nr. 23.04)

Stadt Essen (Hrsg.): Vorbericht zum Haushalt 2005, Stadt Essen, 2004

Stadt Essen (Hrsg.): Denkmalliste der Stadt Essen, Stand: 22.06.2002, Gußmannplatz 001.025 / Katharinenstr. 001, Stadtbezirk II / Essen-Rüttenscheid, Siedlung Altenhof I (Krupp), Baudenkmal 0115/10.07.1986

Stiftung Warentest (Hrsg.), Wohnen im Alter: Ein Wegweiser, 10.2000, download von www.warentest.de, Abrufdatum 24.06.2005

Ulrich, Yves / Schröter, Dr. Karsten, Bewertung von Sozialimmobilien, Studie der HypZert GmbH, Berlin 2005

Diplom.de